Peter Hellermann

Taschenwörterbuch
für die
praktische Büroautomation

deutsch – englisch
englisch – deutsch

DATAKONTEXT-VERLAG

CIP-Titelaufnahme der Deutschen Bibliothek

Hellermann, Peter:
Taschenwörterbuch für die praktische Büroautomation :
deutsch – englisch, englisch – deutsch / Peter Hellermann. –
Erstausg. – Köln : Datakontext-Verl., 1989
   ISBN 3-89 209-001-7

NE: HST

Erstausgabe

ISBN 3-89 209-001-7

Alle Rechte vorbehalten

© 1989 by DATAKONTEXT-VERLAG GmbH
Aachener Straße 1052, D-5000 Köln 40

Ohne ausdrückliche Genehmigung des Verlages
ist es nicht gestattet, das Buch oder Teile daraus in
irgendeiner Form und Weise zu vervielfältigen.
Lizenzausgaben sind nach Vereinbarung möglich.

Druck: Graphischer Betrieb Karl Plitt, Oberhausen

Printed in Germany

Vorwort

Selten zuvor ist das Arbeitsumfeld des Menschen unmittelbareren und umfassenderen Wandlungen unterworfen als während der letzten wenigen Jahre, in denen immer wieder neue Informationsverarbeitungs- und Kommunikationstechnologien bis auf seinen Schreibtisch vordrangen und seine Arbeitswelt revolutionierten — die Art der Arbeit, den Arbeitsrhythmus, Stil und Umfang, ja sogar seine Sprache.

So arbeiten wir heute mit On-line Terminals und Personal Computern; wir produzieren Informationen und kommunizieren diese über Cluster, Leased Lines und FEP's an Host Computer oder über PBX oder LAN an andere Empfänger; wir benutzen Fax, Multiplex und lesen Tutorials.

Diese und viele andere Ausdrücke sind Bestandteile einer eigenständigen, auf der englischen Sprache basierenden Fachsprache geworden, die im Rahmen dieser neuen Technologien entwickelt und in den Sprachgebrauch übernommen wurde.

Das ‚Sprechen' dieser Sprache ist unverzichtbar, will man Fachliteratur, Installationsanweisungen, Bedienungsanleitungen, Programminstruktionen und andere Literatur und Dokumentation richtig verstehen und unproduktives oder gar fehlerhaftes Arbeiten vermeiden.

Das vorliegende Taschenwörterbuch soll helfen, dem Anwender einen Großteil der technischen und sonstigen allgemeinen Fachausdrücke, denen er immer wieder im Umfeld der neuen Bürotechnologien begegnet, durch möglichst einfache aber genaue Übersetzungen leicht und schnell verständlich zu machen.

Um dieses Ziel zu erreichen, war eine der Grundvoraussetzungen bei der Erstellung dieses Werkes, daß Übersetzungen prägnant und sinnvoll sind; es werden Fachausdrücke nur durch passende Fachausdrücke und nicht durch lange Sätze oder Umschreibungen übersetzt; das Taschenwörterbuch enthält keine englischen Fachausdrücke, die nicht mehr sinnvoll zu übersetzen sind bzw. bereits in den deutschen Fachwortschatz übernommen worden oder ‚verdeutscht' sind.

Weiterhin wurde darauf geachtet, daß das Werk einen möglichst weiten Rahmen umfaßt, und, über rein technische Fachausdrücke hinaus, auch andere, allgemeine englische Worte und Begriffe abdeckt, denen man immer wieder im Zusammenhang mit diesem Fachgebiet begegnet, und deren Verständnis deshalb ebenso wichtig ist.

Köln, März 1989

Folgende besonderen Abkürzungen wurden in diesem Werk verwendet:

Adj.	Adjektiv
El.	Elektrisch, Elektronisch
Techn.	Technisch
Tel.	Telefon, Telekommunikation
Geo.	Geometrisch
Ges.	Gesetzlich
Hist.	Geschichtlich
Math.	Mathematisch
Mech.	Mechanisch
Prep.	Präposition

A	
Abändern	Modify -to
Abänderung	Modification
Abbild	Image
Abbildung	Map
Abblasen	Call Off -to
Abbrechen	Abort -to, Cancel -to
Abdeckblech	Panel
Abdeckung	Cover
Abfall	Garbage
Abgabe	Submission
Abgabeschluß	Deadline
Abgeben	Submit -to
Abgeneigt	Reluctant
Abgetrennter Bereich	Enclosure
Abgrenzen	Delimit -to
Abgrenzungszeichen	Delimiter
Abhängen	Detach -to
Abhängen Von	Depend On -To
Abhängig Von	Dependent On
Abhängigkeit	Dependency
Abhilfe	Remedy
Abhilfe Schaffen	Remedy -to
Abisolierer	Wire Stripper
Abkommen	Agreement
Abkürzen	Abbreviate -to
Abkürzung	Abbreviation
Abkürzung (Weg)	Short-cut
Ablage	Tray
Ablagefach	Pocket
Ablauf	Process
Ablaufen (lassen)	Run -to
Ablaufen (Zeit)	Expire -to
Ablegen	File -to
Abmelden	Sign Off -to, Log Off -to
Abmessung	Dimension
Abnehmbar	Removable
Abnutzung	Wear
Abonnement	Subscription
Abonnieren	Subscribe -to
Abreißen	Tear Off -to
Abrieb	Abrasion
Abrufen	Call Off -to
Abrundung (geo.)	Fillet
Abschalten	Power Down -to, Power Off -to, Switch Off -to
Abschirmung	Shielding
Abschließbar	Lockable
Abschließen	Lock -to
Abschluß	Completion, Termination
Abschneiden	Cut Off -to, Truncate -to
Abschrägung	Chamfer
Abschreibung	Depreciation
Absender	Sender
Absicht	Intention
Absinken	Drop -to
Absteigend	Descending
Abstimmen	Coordinate -to, Reconcile -to
Abstimmung	Coordination, Reconciliation
Abstrich	Trade-off
Abtasten	Scan -to
Abteilung	Department
Abtrennung	Segregation
Abwägen	Weigh -to
Abwärts	Downwards
Abwechselnd	Alternate
Abweichen	Deviate -to, Vary -to

Abweichung	Deviation, Variance
Abwertung	Depreciation
Abwesend	Absent
Abwesenheit	Absence
Abzweig-	Branch
Abzweigkabel	Drop Cable
Achse	Axis
Ähneln	Resemble -to
Ähnlich	Similar
Ähnlichkeit	Resemblance
Aktendeckel	Folder
Aktenordner	Binder
Aktenschrank	Filing Cabinet
Aktie	Share
Akustischer Koppler	Acoustic Coupler
Akzeptieren	Accept -to
Alarm	Alert
Alarmieren	Alert -to
Allgegenwärtig	Ubiquitous
Alterung	Ageing
Altpapier	Waste Paper
An	On
Analphabet	Illiterate
Anbieten	Offer -to
Anbringen	Mount -to
Ändern	Alter -to, Change -to
Änderung	Alteration, Change
Andeuten	Indicate -to
Aneinanderhängen	Concatenate -to
Anerkennen	Recognise -to
Anerkennung	Recognition
Anfänglich	Initial
Anfangs-	Rudimentary
Anfangsbuchstaben (Name)	Initials
Anführen	Head -to
Anführungszeichen	Quotes
Angebot	Offer, Quote, Tender
Angehen	Approach -to
Angelegenheit	Matter
Angemessen	Adequate, Appropriate
Angewandt	Applied
Angrenzend	Adjacent, Contiguous
Anhang	Appendix
Anhängen	Append -to, Attach -to
Anhängsel	Tag
Anhäufung	Cluster
Anklage	Charge
Anklagen	Charge -to
Anklang	Appeal
Ankommend	Inbound
Ankündigen	Announce -to
Ankündigung	Announcement
Ankuppeln	Couple -to
Anlage (schriftl.)	Attachment, Exhibit
Anlagegut	Asset
Anlaß	Case, Occasion
Anlaufzeit	Start-up Time
Anlegen (Geld)	Invest -to
Anleihe	Loan
Anmelden	Log On -to, Sign On -to
Anmerken	Annotate -to
Anmerkung	Annotation, Comment
Annäherung(swert)	Approximation
Annahme	Assumption
Annahme	Acceptance
Annehmbar	Acceptable
Annehmen	Assume -to
Annehmlichkeit	Convenience
Anpacken	Tackle -to

Anpassen	Adapt -to	Anzahlung	Deposit
Anpassung	Adaptation	Anzapfen	Tap -to
Anpassungsfähig	Adaptable	Anzeichen	Indication
Anpassungsgerät	Adapter	Anzeige (Video)	Display
Anreiz	Incentive	Anzeiger	Indicator
Anruf (tel.)	Call	Arbeit	Work
Anrufen (tel.)	Call -to	Arbeiten	Work -to
Anrufer	Caller	Arbeiterschaft	Labour Force
Ansammeln	Accumulate -to	Arbeitgeber	Employer
Ansammlung	Accumulation, Collection	Arbeitnehmer	Employee
Anschalten	Power Up -to, Switch On -to	Arbeitsaufwand	Workload
		Arbeitsblatt	Worksheet
Anschlagtafel	Board	Arbeitskraft	Manpower
Anschließen (s.jmdm.)	Join -to	Arbeitsspeicher	Working Storage
Anschluß (tel.)	Connection	Archiv	Archive
Anschluß(buchse)	Port	Archivieren	Archive -to
Anschlußeinheiten	Peripherals	Ärgerlich	Annoying
Anschrift	Address	Ärgernis	Nuisance
Ansehen	View -to	Art	Type
Ansicht	View	Asynchron	Asynchronous
Ansprechen	Address -to	Attrappe	Dummy
Anspruch	Claim	Ätzend	Corrosive
Anspruchsvoll	Sophisticated	Aufdecken	Reveal -to
Anstehend	Pending	Aufdeckung	Detection
Anstelle Von	In Lieu Of	Auffordern	Prompt -to
Anteil	Share	Aufforderung	Prompt
Antwort	Answer, Response	Auffrischen	Refresh -to
Antwortzeit	Response Time	Aufgabe	Assignment, Task
Anweisen	Instruct -to	Aufhören	Discontinue -to
Anweisung	Directive, Instruction	Aufkleber	Adhesive Label, Sticker
Anwenden	Apply -to, Employ -to	Aufladen (el.)	Charge -to
Anwender	User	Aufladung (el.)	Charge
Anwendung	Application	Auflistung	Listing
Anwesend	Present	Auflösen	Dissolve -to
Anwesenheit	Attendance	Auflösung	Resolution

Aufmachung	Layout
Aufmerksamkeit	Attention
Aufrecht Erhalten	Maintain -to
Aufruf	Call
Aufrufen	Call -to, Invoke -to, Poll -to (tel.)
Aufrufverfahren (Tel.)	Polling
Aufrüsten	Upgrade -to
Aufrüstung	Upgrade
Aufschieben	Suspend -to
Aufsteigend	Ascending
Aufteilen	Split -to
Auftrag	Order
Aufwand	Effort
Aufwärts	Upwards
Aufwertung	Appreciation
Aufzeichnen	Record -to
Auge	Eye
Augenmerk Richten Auf	Focus On -to
Aus	Off
Ausbessern	Patch -to
Ausbesserung	Patch
Ausbildung	Education, Tuition
Ausbreiten (s.)	Spread -to
Ausdruck(sweise)	Expression
Ausdrücken	Express -to
Außendiensttechniker	Customer Engineer (CE)
Außer Betrieb	Down
Außer Stand Setzen	Disable -to
Äußere(r)	External
Außergewöhnlich	Exceptional
Ausersehen	Designate -to, Designated
Ausfall	Failure
Ausfallzeit	Downtime
Ausfindig Machen	Locate -to
Ausführen	Execute -to
Ausführung	Execution
Ausgabe	Edition, Issue, Output
Ausgang	Exit
Ausgangsbuchse	Outlet
Ausgeben	Output -to
Ausgenommen	Except
Ausgezeichnet	Excellent
Aushandeln	Negotiate -to
Auslaufen Lassen	Phase Out -to
Auslegung	Interpretation
Ausliefern	Ship -to
Auslieferung	Shipment
Ausmaß	Scope
Ausnahme	Exception
Ausnutzen	Exploit -to
Ausradieren	Erase -to
Ausrasten	Snap Out -to
Ausrichten	Align -to, Justify -to
Ausrichtung	Alignment
Ausrüsten	Equip -to
Ausrüstung	Equipment, Kit
Ausschließen	Preclude -to
Ausschließen	Eliminate -to
Ausschneiden	Cut Out -to
Aussetzend	Intermittent
Ausspülen	Flush -to
Ausstattung	Configuration
Ausstellen	Exhibit -to
Ausstellung	Exhibition
Ausstellungsstück	Exhibit
Ausstreichen	Scratch -to
Austausch	Exchange, Interchange
Austauschen	Exchange -to, Swap -to
Auswahl	Choice, Selection

Auswahl-Menü	Menu	Bedecken	Cover -to
Auswählen	Select -to	Bedeuten	Mean -to, Signify -to
Ausweismarke	Badge	Bedeutend	Significant
Ausweiten	Expand -to	Bedeutung	Significance
Ausweitung	Expansion	Bedeutungsvoll	Meaningful
Auswerfen	Eject -to	Bediener-Bildschirm	Console
Auswerten	Evaluate -to	Bedingt	Conditional
Auswertung	Evaluation	Bedingung	Condition
Auswirkung	Effect	Bedingungen	Terms
Auszeichnung	Award	Bedrohung	Threat
Auszug	Extract	Bedürfnis	Need
		Beeindrucken	Impress -to
B		Beeinflussen	Influence -to
Balken	Bar	Beenden	Finalise -to, Finish -to, Terminate -to
Balkendiagramm	Bar Chart		
Bananenstecker	Jack	Befehl	Command
Band	Tape	Befestigen	Attach -to, Fix -to
Band (el.)	Band	Befinden (s.)	Reside -to
Band Drucker	Line Printer	Befolgen	Adhere To -to
Bandbreite	Band-width	Befreien	Free -to
Bandbreite	Bandwidth	Befriedigen	Satisfy -to
Bandlaufwerk	Tape Drive	Befriedigung	Satisfaction
Bandrolle	Tape-reel	Begegnen	Encounter -to
Bargeld	Cash	Beglaubigen	Certify -to
Bauen	Build -to	Beglaubigung	Authentication, Certification
Bauplatz	Site		
Bajonettringverbindung	Bayonet Nut Coupling (BNC)	Begleichen	Settle -to
		Begleichung	Settlement
Beabsichtigen	Intend -to	Begleiten	Accompany -to
Beachten	Note -to	Begreifen	Comprehend -to
Beanspruchen	Claim -to	Begrenzt	Limited
Beanspruchung	Stress	Begrenzung	Confines
Bearbeiten	Edit -to	Begründen	Justify -to
Bebilderung	Illustration	Begründung	Justification
Bedarf	Requirement	Behälter	Container

9

Behaupten	Claim -to, Maintain -to	Bereit	Ready
Behauptung	Claim, Statement	Bereitstellen	Provide -to
Beheben	Fix -to	Bereitstellung	Provision
Behebung	Fix	Bericht	Report
Beherrschen	Dominate -to	Berichten	Report -to
Beifügen	Enclose -to	Berichtigen	Correct -to
Beigefügt	Enclosed	Berichtigung	Correction
Beispiel	Example	Bernstein (farben)	Amber
Beispiellos	Unparalleled	Berücksichtigen	Consider -to
Beisteuern	Contribute -to	Berufung (ges.)	Appeal
Beitrag	Contribution	Berühren	Touch -to
Belanglos	Irrelevant	Beschädigen	Damage -to
Belastung	Burden, Load	Beschaffen	Procure -to
Beleg	Receipt	Beschäftigen	Employ -to
Belegen	Occupy -to	Beschichtung	Coating
Belegen (mit Zahlen)	Quantify -to	Beschleunigen	Accelerate -to, Expedite -to
Beliebt	Popular		
Bemerkenswert	Noteworthy	Beschleunigung	Acceleration
Bemerkung	Comment	Beschränken	Restrict -to
Benachrichtigen	Inform -to, Notify -to	Beschränkung	Restriction
Benennen	Name -to	Beschreiben	Define -to, Describe -to
Benötigen	Require -to	Beschreibung	Definition, Description
Benutzerfreundlich	User-friendly	Beschreibung (techn.)	Specification
Benutzeroberfläche	User Interface	Beschriften	Label -to
Benutzung	Utilisation	Beschwerde	Complaint
Beobachten	Observe -to	Beschweren	Complain -to
Beobachtung	Observation	Beseitigung	Removal
Beraten	Advise -to, Consult -to	Besitz	Ownership
Berater	Consultant	Besitzen	Own -to
Berechnen	Bill -to, Calculate -to, Compute -to	Besitzer	Owner
		Besonderheit	Speciality
Berechnung	Calculation, Computation	Besorgnis	Concern
		Besorgt	Concerned
		Besprechung	Conference
Bereich	Area, Range	Beständig	Constant, Continuous
Bereich (Datei)	Extent		

Beständigkeit	Stability	Bewerbung	Application
Bestandteil	Component	Bewertung	Rating
Bestätigen	Acknowledge -to, Confirm -to	Bewirken	Effect -to
		Bewußtheit	Awareness
Bestätigung	Acknowledgement, Confirmation	Bezeichnend	Characteristic
		Beziehen Auf (s.)	Refer To -to
Bestehen Aus	Consist Of -to	Bezug	Reference
Besteuern	Tax -to	Bibliothek	Library
Bestimmen	Determine -to, Identify -to	Bieten	Feature -to
		Bieten	Offer -to
Bestimmte(r)	Particular	Bilanz	Balance
Bestreiten (Kosten)	Defray -to	Bildabtaster	Scanner
Betonen	Emphasise -to	Bilderbelebung	Animation
Betonung	Emphasis	Bildpunkt	Pixel
Betrachten	Regard -to	Bildröhre	Cathode Ray Tube (CRT)
Beträchtlich	Considerable, Substantial	Bildschirm	Monitor, Screen
		Bildschirmanzeige	Video Display
Betrag	Amount	Bildschirmarbeitsplatz	Workstation
Betreffen	Affect -to, Concern -to	Bildschirmspeicher	Video Memory
Betreffs	Regarding	Billig	Cheap, Inexpensive
Betreiben	Operate -to	Binär	Binary
Betreten	Enter -to	Bis Heute	To Date
Betrieb	Operation	Bit Muster	Bit Map
Betriebsart	Mode	Bitte	Request
Betriebsmittel	Resources	Blase	Bubble
Betriebsrat	Works Council	Blasenspeicher	Bubble Memory
Betriebssystem	Operating System	Blatt	Sheet
Betrug	Fraud	Blatt Zufuhr	Sheet Feeder
Bevölkerung	Population	Blaupause	Blueprint
Bevorstehend	Imminent	Blei	Lead
Beweglich	Mobile	Bleistift	Pencil
Beweis	Evidence, Proof	Blenden	Glare -to
Beweisen	Prove -to	Blendfrei	Non-glaring
Bewerben (s.)	Apply For -to	Blendung	Glare
Bewerber	Applicant	Blinken	Flash -to

Blitz   **Diebstahl**

Blitz	Flash, Lightning
Boden	Floor
Bohrer	Drill
Bohrung	Bore
Bolzen	Bolt
Börse	Stock Exchange
Böswillig	Malicious
Bote	Messenger
Brandschutz	Fire Protection
Brauchen	Need -to
Brechen	Break -to
Breitband	Broadband
Brennen	Burn -to
Brennpunkt	Focus
Brief	Letter
Briefmarke	Stamp
Broschüre	Brochure
Bruch	Breakage
Bruchteil	Fraction
Brücke	Bridge
Brücke(nstecker)	Jumper
Brutto	Gross
Buch	Book
Buchhaltung	Accounting
Büchlein	Booklet
Buchse	Female (Plug)
Buchstabe	Letter
Buchstabieren	Spell -to
Bündel	Bundle
Büro	Office
Büroklammer	Clip

D

Dämpfung	Attenuation
Darbieten	Present -to
Darbietung	Presentation
Darstellen	Display -to
Darstellung	Representation
Datei	File
Daten	Data
Datenbank	Data Base
Dateneingabe	Data Entry
Datenendgerät	Terminal
Datenfernverarbeitung	Teleprocessing
Datenfluß	Data Flow
Datengruppe	Array
Datensatz	Record
Datenschutz	Data Protection
Datensicherheit	Data Security
Datensicherung	Back-up
Datenspeicher(ung)	Data Storage
Datenträger	Volume
Datenverarbeitung	Data Processing
Datenverwaltung	Data Management
Datum	Date
Dauer	Duration
Dauerhaft	Permanent
Deckel	Lid
Deckung	Coverage
Denkbar	Conceivable
Derzeitig	Current
Detaillieren	Itemise -to
Dezimal	Decimal
Dezimalpunkt	Decimal Point
Dia	Slide, Transparency
Diagramm	Chart
Dicht	Dense
Dichte	Density
Dick	Thick
Diebstahl	Pilferage, Theft

Dienen	Serve -to
Dienstleistung	Service
Dienstprogramm	Utility
Dimension	Dimension
Diskette	Diskette, Floppy (Disk)
Dokumentation	Documentation
Doppelpunkt	Colon
Doppelt	Double
Doppelte Genauigkeit	Double Precision
Doppelter Boden	False Floor
Draht	Wire
Draußen	Outdoors
Drehen	Rotate -to
Drehmoment	Torque
Drehpunkt	Pivot
Drehstrom	Three-phase Current
Drehzapfen	Swivel
Dreieck	Triangle
Dreifach	Triple
Drinnen	Indoors
Dritter	Third Party
Drohen	Threaten -to
Druck	Pressure
Drucken	Print -to
Drücken	Press -to
Drucker	Printer
Druckkopf	Print Head
Druckpuffer	Printer Buffer
Druckwalze	Platen
Dumm	Dumb
Dünn	Thin
Duplikat	Duplicate
Durchblättern	Browse -to
Durchbruch	Breakthrough
Durcheinander	Confusion
Durchführbar	Feasible
Durchführbarkeit	Feasibility
Durchführen	Conduct -to, Perform -to
Durchführung	Performance
Durchgebrannte Sicherung	Blown Fuse
Durchlauf	Pass
Durchlaufzeit	Turnaround Time
Durchsatz	Throughput
Durchschnitt(lich)	Average
Durchsicht	Review
Durchsichtig	Transparent
Durchsichtigkeit	Transparency

E

Eben	Flush, Plane
Ebenbild	Clone
Ebenbürtig Sein	Match -to
Ebene	Layer, Level
Echt	Genuine
Echtheit	Authenticity
Echtzeit	Real-time
Eigen	Own
Eigenschaft	Property
Eigenständig	Stand-alone
Eigentums-	Proprietary
Eignung	Qualification
Eilig	Urgent
Eimer	Bin
Ein/Ausgabe	Input/Output (IO)
Einbegriffen	Inclusive
Einbetten	Embed -to
Einbeziehen	Include -to, Incorporate -to, Involve -to

Einbeziehung	Involvement
Einbrennen	Burn -to
Einbuße	Trade-off
Einbüßen	Forfeit -to
Eindeutig	Explicit, Unambiguous
Eindruck	Impression
Eindrucksvoll	Impressive
Einfach	Simple, Straightforward
Einfachheit	Simplicity
Einfassen	Enclose -to
Einfluß	Influence
Einfrieren	Freeze -to
Einfügen	Insert -to
Einfügung	Insertion
Einführen	Implement -to, Launch -to
Einführung	Implementation, Introduction, Launch
Einführungsschrift	Primer
Eingabe	Entry, Input
Eingabe Taste	Enter (Key), Return (Key)
Eingebaut	Built-in
Eingeben	Enter -to, Input -to
Eingefroren	Frozen
Eingriff	Intervention
Einheit	Unit
Einheitlich	Uniform
Einkauf(sabteilung)	Purchasing (Department)
Einkäufer	Buyer
Einkleben	Paste -to
Einkommen	Income
Einleiten	Initialise -to, Initiate -to
Einmischen (s.)	Intervene -to
Einnahmen	Revenue
Einrasten	Snap In -to
Einräumen	Concede -to
Einreihen	Queue -to
Einrichten	Install -to, Set Up -to, Stage -to
Einrichtung	Facility, Installation
Einrücken	Indent -to
Einrückung	Indentation
Einsatz	Usage
Einschätzen	Rate -to
Einschätzung	Assessment
Einschleichen (s.)	Creep In -to
Einschreiben	Registered Mail
Einschränkung	Limitation
Einsetzen	Go Live -to
Einsparungen	Savings
Einstecken	Plug In -to
Einsteiger	Newcomer
Einstellen (tech.)	Adjust -to, Tune -to
Einstellen Auf	Position -to
Einstieg-	Entry-level
Einstöpseln	Plug In -to
Einstufen	Classify -to
Einstufung	Ranking
Einstufung	Classification
Eintippen	Key In -to
Eintrag	Entry
Eintragen	Register -to
Einwirkung	Impact
Einzel	Single
Einzelblatt	Cut Sheet, Single Sheet
Einzelhandel	Retail
Einzigartig	Unique

Element	Element, Entity	Entsprechen	Conform To -to, Comply With -to
Elementar-	Primitive	Enttäuschend	Disappointing
Empfang	Reception	Entwickeln	Develop -to
Empfangen	Receive -to	Entwickler	Developer
Empfänger	Recipient	Entwicklung	Development
Empfänger	Addressee	Entwicklung (hist.)	Evolution
Empfänger (Funk)	Receiver	Entwicklungsfähigkeit	Potential
Empfänglich Für	Prone	Entwurf	Design, Draft
Empfehlen	Recommend -to	Erbitten	Request -to
Empfehlung	Recommendation	Erde	Earth
Ende	End, Finish	Erdung	Ground
Enden	Conclude -to	Ereignis	Event
Endgültig	Final	Erfahren (adj.)	Skilled
Endlich	Finite	Erfahrung	Experience, Expertise
Endlos	Continuous	Erfassen	Capture -to
Endlospapier	Continuous Stationery	Erfinden	Invent -to
Endpunkt	Endpoint	Erfindung	Invention
Eng	Narrow	Erfolg	Success
Engpaß	Bottleneck	Erfolglos	Unsuccessful
Entbündeln	Unbundle -to	Erfolgreich	Successful
Entdecken	Discover -to	Erforderlich	Requisite
Entfernen	Purge -to	Erfordernis	Requirement
Entfernen	Remove -to	Ergänzen	Update -to
Entfernt	Distant	Ergebnis	Result
Entfernung	Distance	Erhellen	Highlight -to
Enthalten	Contain -to, Include -to	Erhöhen	Augment -to, Increment -to, Raise -to
Enthüllen	Disclose -to, Unveil -to		
Enthüllung	Disclosure		
Entladen	Unload -to		
Entscheiden	Decide -to	Erhöhungsfaktor	Increment
Entscheidung	Decision	Erkennen	Recognise -to
Entschlossen	Determined	Erkennung	Recognition
Entschlossenheit	Determination	Erklären	Explain -to
Entschlüsseln	Decode -to	Erklärung	Explanation
		Erkundigung	Enquiry

Erlangen	Gain -to, Obtain -to
Erlauben	Permit -to
Erlaubnis	Permission
Erleichtern	Ease -to, Facilitate -to
Ermächtigen	Authorise -to
Ermäßigung	Discount
Ermöglichen	Enable -to
Ermüdend	Tedious
Ermüdung	Fatigue
Ernennen	Appoint -to
Erneuern	Renew -to
Erneuerung	Renewal
Erneuerungsfreudig	Innovative
Ernsthaft	Serious
Erreichen	Achieve -to
Errungenschaft	Achievement
Ersatz	Replacement, Substitute
Ersatz-	Spare, Standby
Ersatzteile	Spares
Erscheinen	Appear -to
Erscheinung	Appearance
Erschöpfend	Exhaustive
Erschweren	Complicate -to
Erschwerung	Complication
Erschwinglich	Affordable
Ersetzen	Replace -to, Substitute -to, Supersede -to
Erstrecken (s.)	Range -to
Erwägung	Consideration
Erwähnen	Mention -to
Erwarten	Expect -to
Erwartung	Expectation
Erweitern	Extend -to
Erweiterung	Extension
Erwerb	Acquisition
Erwerben	Acquire -to
Erwiesen	Proven
Erzeugen	Create -to, Generate -to
Erzeugnis	Product
Erzeugung	Generation
Erzielen	Yield -to
Es Sei Denn	Unless
Etage	Floor, Story
Etikett	Label
Eventualfall	Contingency
Ewig	Perpetual

F

Fabrik	Plant
Fabrikebene	Shop Floor
Fachausdruck	Term
Fachsprache	Terminology
Fadenkreuz	Cross-hairs
Fähig	Able, Capable
Fähigkeit	Ability, Capability, Skill
Fallstudie	Case-study
Falsch	False
Falten	Fold -to
Farbband	Ribbon
Farbe	Colo(u)r
Farbpulver	Toner
Färbung	Dye
Faser	Fiber
Fassung (el.)	Socket
Feder	Spring
Fehlend	Missing
Fehler	Error, Fault, Flaw, Mistake
Fehler Suchen	Debug -to

Fehleranfällig	Error-prone
Fehlermeldung	Error Message
Fehlersuche	Troubleshooting
Fehlersuchprogramm	Debugger
Feiertag	Holiday
Fein	Fine
Feinheit	Fineness
Feinkörnig	Fine-grain
Feld	Field
Feldbezeichnung	Label
Fenster	Window
Ferien	Holidays
Fern	Remote
Fernleitung	Trunk Line
Fernmeldedienste	Telecommunications
Fernsehen	Television (TV)
Fernsteuerung	Remote Control
Fest	Fixed
Fest Machen	Fix -to
Fest Verdrahtet	Hard Wired
Festhängen	Hang -to
Festlaufen	Stall -to
Festmachen	Fasten -to
Festplatte	Hard Disk
Feststehend	Stationary
Festwertspeicher	Read Only Memory (ROM)
Fett	Grease
Fettdruck	Boldface
Feucht	Humid
Feuchtigkeitsmesser	Hygrometer
Feuerlöscher	Fire Extinguisher
Finanzieren	Fund -to
Finden	Find -to
Firmenzeichen	Logo
Flach	Flat
Flachbandkabel	Ribbon Cable
Flamme	Flame
Flecken	Spot
Flickwerk	Patchwork
Flimmern	Flicker, Flicker -to
Flüchtig	Volatile
Fluß	Flow
Flußdiagramm	Flowchart
Folge	Suite
Folgerichtig	Logical
Folgern	Conclude -to, Gather -to
Folgerung	Inference
Folie	Slide
Forlaufend	Consecutive
Form	Mould, Shape
Formel	Formula
Formen	Mould -to
Formular	Form
Forschung	Research
Fortdauern	Continue -to
Fortgeschritten	Advanced
Fortlaufend	Sequential
Fortschritt	Advance, Progress
Fortsetzen	Continue -to
Fortsetzung	Continuation
Frage	Query, Question
Fragebogen	Questionnaire
Fräsen	Mill -to
Frei	Free
Freie Stelle	Vacancy
Freier Platz	Space
Freigabe	Release
Freigeben	Release -to
Frequenz	Frequency

Früh	Early
Fühler	Sensor
Führen	Guide -to
Führende Null	Leading Zero
Führer	Guide
Führung	Guide
Füllen	Fill -to
Füllfeld	Filler
Funk	Radio
Funktionieren	Operate -to, Work -to
Funktionstaste	Function Key
Funktionstest	Hot-test
Fußnote	Note
Fußzeile	Footer

G

Ganzzahl	Integer
Garantie	Guarantee, Warranty
Garantieren	Guarantee -to
Gatter	Gate
Gebäude	Building
Gebrauch	Usage
Gebühr	Fee, Toll
Gebührenfrei	Toll-free
Gedächtnisstütze	Mnemonic
Gedankengang	Reasoning
Gedankenstrich	Dash
Geduld	Patience
Geduldig	Patient
Geeignet	Qualified, Suitable
Gefahr	Danger, Hazard
Gefährden	Endanger -to, Jeopardize -to
Gefallen	Appeal -to
Geflecht	Braid
Gegenstück	Counterpart
Gegenwart	Presence
Gegenwert	Value for Money
Gehalt	Salary
Geheim	Secret
Geheimnis	Secret
Gelände	Site
Geld	Money
Geld Ausgeben	Spend -to
Geldanlage	Investment
Geldausgabe	Expenditure
Geldbuße	Fine
Geldfluß	Cash Flow
Geldmittel	Funds, Means
Gelegenheit	Occasion
Gelegenheit (gute)	Opportunity
Gelegenheitskauf	Bargain
Gelegentlich	Occasional
Geltungsbereich	Territory
Gemeinde	Community
Gemeinkosten	Overhead
Gemeinsam	Common, Corporate, Joint
Gemeinsam Benutzen	Share -to
Gemeinschaftsunternehmen	Joint Venture
Gemischt	Composite, Mixed
Genau	Accurate, Precise
Genauigkeit	Accuracy, Precision
Genehmigen	Approve -to, Authorise -to
Genehmigung	Approval, Authorisation
Gerade	Even
Gerade (geom.)	Straight (Line)

Gerät	Device, Equipment, Hardware	Glaubwürdigkeit	Credibility
Geräusch	Sound	Gleich	Alike, Like
Geräuschlos	Silent	Gleich(wertig)	Equivalent
Geringfügig	Minor, Trivial	Gleiche(r)	Peer
Gerücht	Rumour	Gleichgewicht	Balance
Gerüst	Framework	Gleichschalten	Synchronise -to
Gesamt	Entire, Total	Gleichstrom	Direct Current (DC)
Gesamtsumme	Total	Gleichung	Equation
Geschäft	Business, Deal	Gleichzeitig	Concurrent, Simultaneous
Geschehen	Happen -to		
Geschwindigkeit	Speed	Gleichzeitig Benutzbar	Reentrant
Gesellschaft	Corporation	Gleiten	Float -to
Gesetzlich Geschützt	Proprietary	Gleitkomma	Floating Point
Gestaffelt	Staggered	Globus	Globe
Gestell	Rack	Grad	Degree, Level
Gesunder Menschenverstand	Common Sense	Grad Celsius	Centigrade
		Grafik	Graph
Gesundheit	Health	Grafisch	Graphic(al)
Getrennt	Separate	Grau	Gray
Getrennt (Vom Host)	Off-line	Greifbar	Tangible
Gewahr	Aware	Grenze	Limit
Gewebe	Fabric, Weave	Griff	Handle
Gewerbe	Business	Grob	Coarse
Gewicht	Weight	Groß	Large
Gewichtet	Weighted	Großbuchstabe	Capital (Letter)
Gewidmet	Dedicated	Größe	Size
Gewinde	Thread	Größere(r)	Major
Gewinn	Gain, Profit, Return	Großhandel	Wholesale
Gewiße(r)	Certain	Großschreibung	Upper Case
Gewissenhaft	Thorough	Grund	Reason
Gewitter	Thunderstorm	Grundbesitz	Property
Gewollt	Deliberate	Grundelement	Primitive
Gezackt	Jagged	Grundplatine	Motherboard
Glauben	Believe -to	Grundstellung	Reset

Grundstück	Estate, Land, Plot, Premises
Gruppensteuereinheit	Cluster Controller
Gültig	Valid
Gültigkeit	Validity
Gültigkeitsprüfung	Validation
Günstig	Convenient
Gußeisen	Cast Iron
H	
Halb	Half, Semi
Halbleiter	Semiconductor
Haltbar	Durable
Haltbarkeit	Durability
Halten An (s.)	Comply With -to
Hand	Hand
Hand-	Manual
Handbuch	Manual
Handel	Trade
Handhaben	Handle -to, Manipulate -to
Handhabung	Handling, Manipulation
Händler	Dealer
Handschrift	Handwriting
Häufig	Frequent
Häufigkeit	Frequency
Haupt-	Main, Master, Primary
Hauptrechner	Host
Hauptspeicher	Memory
Hauptverwaltung	Headquarters
Hebel	Lever
Heftklammer	Staple
Heim	Home
Helfen	Help -to
Herausfinden	Detect -to, Spot -to
Herausfordern	Challenge -to
Herausforderung	Challenge
Herausgeben	Issue -to
Herauswachsen	Outgrow -to
Herausziehen	Extract -to
Herkömmlich	Conventional, Traditional
Herstammen Von	Originate From -to
Herstellen	Manufacture -to, Produce -to
Hersteller	Manufacturer
Herunterlassen	Lower -to
Hervorheben	Highlight -to
Hervorhebung	Highlight
Hexadezimal	Hex(adecimal)
Hilfe	Help
Hilfs-	Auxiliary
Hingabe	Dedication
Hintergehen	Circumvent -to
Hintergrund	Background
Hinterlegen	Deposit -to
Hinwegsetzen Über (s.)	Override -to
Hinweisen Auf	Point Out -to
Hinzufügen	Add -to
Hitze	Heat
Hochformat	Portrait
Hochrechnen	Extrapolate -to
Hochschnellen	Pop Up -to
Höchst	Prime
Höchst(maß)	Maximum
Hochstellung	Superscript
Höchstwertig	High Order
Höhe	Height
Holen	Fetch -to
Hörbar	Audible
Hörer (tel.)	Handset

Huckepack	Piggy-back	K	
		Kabel	Cable
I		Kabelfernsehen	Cable Television (CATV)
Idee	Idea	Kabelkanal	Duct
Im Namen Von	On Behalf Of	Kabelschelle	Cable Clamp
Immer Mehr	Increasingly	Kalender	Calendar
In Betrieb Setzen	Activate -to	Kanal	Channel, Conduit
In Der Anlage	Attached	Kante	Edge
In Frage stellen	Challenge -to, Question -to	Kapital	Capital
		Kartenlocher	Card Punch, Key Punch
In Sich Abgeschlossen	Self-contained	Kassenschublade	Till
In Verbindung Treten Mit	Contact -to	Kassette	Cassette, Cartridge
		Katastrophe	Disaster
Informationsaustausch	Communications	Kauf	Procurement, Purchase
Inhalt	Contents	Kaufen	Buy -to, Purchase -to
Inhaltsverzeichnis	Table Of Contents	Kaufm. Grafik	Business Graphics
Inländisch	Domestic	Kegel	Cone
Innere Eingabe	Intuition	Keil	Wedge
Innere(r)	Internal	Kennung	Identification
Innewohnend	Inherent	Kennwort	Password
Inserat	Advertisement	Kennzeichnen	Mark -to
Inserent	Advertiser	Kerbe	Notch
Inserieren	Advertise -to	Kern	Core, Nucleus, Kernel
Inzahlungnahme	Trade-in	Kette	Chain, String
Irreführen	Mislead -to	Kettenreaktion	Chain Reaction
Isolieren	Insulate -to	Kippen	Tilt -to
Isolierung	Insulation	Kippschalter	Rocker Switch, Toggle Switch
J		Klammer	Brace, Bracket, Clamp
Jahr	Year	Klar	Clear
Jahresrate	Annuity	Klären	Clarify -to
Jährlich	Annual, Yearly	Klarheit	Brightness, Clarity
Justierung	Adjustment	Klarschriftleser	Optical Character Reader
		Klebe	Glue

Kleben	Glue -to	Kreis	Circle
Klebstoff	Adhesive	Kreisen	Loop -to
Klein	Little, Small	Kreuzen (s.)	Intersect -to
Kleine Kasse	Petty Cash	Kritik	Criticism
Kleinschreibung	Lower Case	Kritiker	Critic
Klemme	Clip	Kuchen Diagramm	Pie-Chart
Klimaanlage	Air Conditioning	Kugellager	Ball Bearing
Klingel	Bell	Kunde	Client, Customer
Klingen	Sound -to	Kundendienst	Service
Knifflig	Intricate	Künstlich	Artificial
Knopf	Button	Kupfer	Copper
Koffer	Case	Kurs	Course
Kommentar	Comment	Kurve	Curve
Kompliziert	Complex	Kurz	Brief
Konferenz	Meeting	Kurzfristig	Short-term
Konkurrent	Competitor	Kürzlich	Recent
Konkurrenz	Competition	Kurzschluß	Short Circuit
Konkurrenzfähig	Competitive	Kürzung	Truncation
Konserviert	Canned		
Konstante	Constant	L	
Konstrukteur	Draftsman	Labor	Laboratory
Konto	Account	Laden	Load -to
Kontoauszug	Statement of Account	Ladeprogramm	Loader
Kopf	Head	Lage	Position
Kopfzeile	Header	Lager	Stock
Kopie	Copy	Lagerbestand	Inventory
Kopieren	Copy -to	Lagern	Stock -to
Kopierschutz	Copy-protection	Lampe	Lamp
Korb	Basket	Land-	Terrestrial
Korrektur Lesen	Proof Read -to	Länge	Length
Korrespondenzqualität	Letter Quality	Langfristig	Long-term
Kosten	Cost, Cost -to, Expense	Langlebigkeit	Longevity
Kostengünstig	Cost-effective	Lärm	Noise
Kostenlos	Free Of Charge	Lauf	Run
Kraftwerk	Power Plant	Laufwerk	Drive

Laufzeit	Run-time
Lauschen	Eavesdropping
Laut	Noisy
Laut (Präp.)	According To
Lautsprecher	Speaker
Lebensdauer	Life Span
Lebenslauf	Curriculum Vitae
Lebenswichtig	Vital
Leck	Leak
Leer	Empty, Void
Leerschritt	Space
Leertaste	Space-bar
Leerzeichen	Blank
Lehren	Teach -to
Lehrer	Tutor
Leicht	Light
Leichtigkeit	Ease
Leiden	Suffer -to
Leise	Quiet
Leisten (s.)	Afford -to
Leistung	Performance
Leistung (mech.)	Power
Leistungsfähig	Efficient, Powerful
Leistungsfähigkeit	Efficiency, Productivity
Leiter (el.)	Conductor
Leitung (tel.)	Line
Lernen	Learn -to
Lernprogramm	Tutorial
Lese/Schreibkopf	Read/Write Head
Lesen	Read -to
Lesestift	Wand
Letzte Hand	Finish
Letzte(r)	Final
Letztendlich	Ultimately
Letztere(r)	Latter
Leuchtdiode	Light Emitting Diode (LED)
Liberalisierung	Deregulation
Licht	Light
Licht Quelle	Light Source
Lichte Weite	Clearance
Lichtstift	Light Pen
Lieferant	Supplier
Liefern	Deliver -to, Supply -to
Lieferung	Delivery
Lieferzeit	Leadtime
Lineal	Ruler
Linie	Line
Linksbündig	Left Justified
Listen	List -to
Lizenz	License
Lizenz(gebühr)	Royalty
Locher	Hole-punch
Lochkarte	Punch Card
Lochstreifen	Paper Tape
Logik	Logic
Lohn/Gehaltsabrechnung	Payroll
Lokales Netzwerk	Local Area Network (LAN)
Los Machen	Detach -to
Löschen	Delete -to
Löschen	Clear -to
Lose	Loose
Losmachen	Loosen -to
Lösung	Solution
Lösungsweg	Approach
Löten	Solder -to
Lötkolben	Soldering Iron
Lücke	Gap

Luft	Air	Melder	Detector
Luftfeuchtigkeit	Humidity	Membran	Diaphragm
Luftschlitz	Air Duct	Menge	Quantity
Luftverschmutzung	Air Pollution	Mengenrabatt	Bulk Discount
		Menschlich	Human
M		Merkmal	Attribute, Characteristic, Feature
Magnetband	Magnetic Tape		
Mangel	Deficiency, Lack, Shortage	Messen	Measure -to
		Messung	Measurement
Männlich	Male	Methodenlehre	Methodology
Marke	Brand	Miete	Rent
Markieren	Flag -to, Mark -to	Miete (auf Zeit)	Lease
Markierung	Flag	Mieten	Rent -to
Markierungsleser	Optical Mark Reader	Mieten (auf Zeit)	Lease -to
Maß	Extent, Measure	Mieter	Lessee
Maschinenbediener	Operator	Mietkauf	Hire Purchase
Mäßig	Moderate	Mikrowelle	Microwave
Maske	Mask	Milliarde	Billion
Maßnahme	Action	Mindern	Alleviate -to
Maßschneidern	Tailor -to	Minderwertig	Inferior
Masse	Mass	Mindest(maß)	Minimum
Maßstab	Scale	Misch-	Hybrid
Matrize	Matrix	Mischen	Merge -to
Matrizen Drucker	Matrix Printer	Mischung	Mix(ture)
Matt(iert)	Mat(te)	Mitarbeiterstab	Staff
Maus	Mouse	Miteinander(bestehen)	Coexistence
Mehrbelastung	Overhead	Mitglied	Member
Mehrere	Several	Mitgliedschaft	Membership
Mehrfachanschlag	Multistrike	Mittel	Means
Mehrfachnutzung	Timesharing	Mittelfristig	Medium-term
Mehrheit	Majority	Mittelpunkt	Center
Mehrprogramm-Betrieb	Multitasking	Mittlere Fehlerzeit	Mean Time Between Failure (MTBF)
Mehrsprachig	Multilingual		
Mehrwert	Value Added	Mittlere(r)	Mean
Mehrwertsteuer	Value Added Tax (VAT)	Möbel	Furniture

Model	Model
Modellreihe	Line
Modernisieren	Modernise -to, Streamline -to
Möglich	Possible
Möglichkeit	Possibility
Mülleimer	Dustbin, Trash Can
Mülltonne	Rubbish Bin
Multiplizieren	Multiply -to
Mündlich	Verbal
Muster	Pattern, Sample
Musterbeispiel	Paradigm
Mutter	Mother
Mutter (Schraube)	Nut

N

Nabe	Hub
Nach-	Post-
Nachahmen	Imitate -to, Simulate -to
Nachahmung	Imitation, Simulation
Nachbilden	Reproduce -to
Nachfolgen	Succeed -to
Nachfolger	Successor
Nachfrage	Demand
Nachgestalten	Emulate -to
Nachgestaltung	Emulation
Nachprüfen	Review -to
Nachprüfung	Review
Nachricht	Message, News
Nachrichten	News
Nachrichtenübermittlung	Messaging
Nachsilbe	Suffix
Nachteil	Detriment, Disadvantage, Drawback
Nachteilig	Detrimental, Disadvantageous
Nachtrag	Supplement
Nachtrag (ges.)	Codicil
Nachträglich	Subsequent
Nadel	Needle, Pin
Nahtlos	Seamless
Name	Name
Namensgebung	Nomenclature
Narrensicher	Foolproof
Nebenanschluß (Tel.)	Extension
Nebenprodukt	By-product
Nebensächlich	Secondary
Netto	Net
Netzknoten	Node
Netzteil	Power Supply
Netzwerk	Network
Netzwerk-zu-Netzwerk	Internet
Neu	New
Neu Berechnen	Recalculate -to
Neu Fassen	Revise -to
Neu Schreiben	Rewrite -to
Neuberechnung	Recalculation
Neuentwerfen	Redesign -to
Neuentwurf	Redesign
Neuerung	Innovation
Neueste(r)	Latest
Neufassung	Revision
Neuling	Novice
Nicht Beachten	Ignore -to
Nicht Haben	Lack -to
Nicht Verflüchtigend	Non Volatile
Nicht-Übereinstimmung	Mismatch
Niederlassung	Branch
Notbehelf	Makeshift

Notfall	Emergency
Notizblock	Notepad
Notwendig	Necessary
Notwendigkeit	Necessity
Null	Zero
Numerische Steuerung	Numerical Control (NC)
Nutzen	Use
Nützlich	Useful

O

Obere(r)	Upper
Oberes Ende	Top
Oberfläche	Surface
Obergrenze	Upper Limit
Offen	Open
Offensichtlich	Obvious
Öffentlich	Public
Öffnen	Open -to
Oft	Often
Ohr	Ear
Opfer	Sacrifice
Opfern	Sacrifice -to
Optimieren	Optimise -to
Optische Platte	Optical Disk
Optische Zeichenerkennung	Optical Character Recognition (OCR)
Original(kopie)	Master
Örtlich	Local

P

Paar	Couple, Pair
Paket	Package
Palette	Range
Panoramierung	Panning
Papier	Paper
Papierkorb	Waste Paper Basket
Papierzuführung	Paper Feed
Passen	Fit -to, Suit -to
Passend	Suitable
Pauschalsumme	Lump Sum
Pause	Break
Peinlichkeit	Embarassment
Personalstand	Headcount
Personenbezogen	Personal
Pfad	Path
Pfeil	Arrow
Plakat	Poster
Planen	Plan -to, Schedule -to
Plättchen	Wafer
Platte	Disk
Platten Steuereinheit	Disk Controller
Platten-Betriebssystem	Disk Operating System (DOS)
Platteneinheit	Disk Unit
Plattenlaufwerk	Disk Drive
Plattenschrank	Jukebox
Plattenstapel	Disk Pack
Plattenteller	Platter
Pleite Machen	Go Bust -to
Plötzlich	Sudden
Post	Mail, Post
Post Einwerfen	Post -to
Potenz (math.)	Exponent, Power
Prägnant	Concise
Praktisch	Hands-on, Practical
Preis	Price
Preis Nennen	Quote -to
Preisangabe	Quotation

Preisschild	Price Tag
Privat	Private
Private Vermittlungsanlage	Private Branch Exchange (PBX)
Privatshpäre	Privacy
Probelauf	Pilot Run
Profitieren Von	Benefit From -to
Programm Schreiben	Code -to
Programmabbruch	Abend
Programmanweisung	Instruction, Statement
Programmfehler	Bug
Programminstruktionen	Code
Programmunterbrechung	Breakpoint
Protokoll	Log
Protokollieren	Log -to
Protokollumsetzer	Gateway
Provision	Commission
Prozentsatz	Percentage
Prozeß (ges.)	Law Suit, Litigation
Prüfen	Check -to, Examine -to
Prüfung	Check, Examination
Puffer	Buffer
Pufferspeicher	Cache
Punkt	Dot, Full Stop, Period, Point
Punktzahl	Score

Q

Quadrat	Square
Quartal	Quarter
Quelle	Source
Querformat	Landscape
Quersumme	Hash Total
Querverweis	Cross Reference
Quetschzange	Crimping Tool

R

Rabatt	Rebate
Radiergummi	Eraser
Rahmen	Frame
Rand	Margin
Rändelschraube	Thumb Screw
Rang	Position, Rate
Raster	Grid
Rate	Rate
Ratschlag	Advice
Rauchmelder	Smoke Detector
Raum	Room
Räumlich	Spacial, Spatial
Rechentabelle	Spreadsheet
Rechnen	Calculate -to, Compute -to
Rechnung	Bill, Invoice
Rechnungsschreibung	Billing
Rechteck	Rectangle
Rechteckig	Rectangular
Rechter Winkel	Right Angle
Rechtlich	Legal
Rechtsanwalt	Lawyer
Rechtsbündig	Right Justified
Regal	Shelf
Regel	Rule
Regelmäßige Abwesenheit	Absenteeism
Registrierkasse	Cash Register
Reibung	Friction
Reihe	Row
Reihenfolge	Order, Sequence

Reißwolf	Shredder
Reklame	Advertisement
Reklame Machen	Advertise -to
Relais	Relay
Reparatur	Repair
Reparieren	Repair -to
Rest	Remainder
Reste	Remains
Retten	Save -to
Revision	Audit
Richten Nach (s.)	Conform To -to
Richtig	Correct, True
Richtigkeit Feststellen	Verify -to
Richtigkeitsbeweis	Verification
Richtlinie	Guideline
Richtung	Direction
Riemen	Belt
Riesig	Huge
Risiko	Risk
Riskieren	Risk -to
Roh	Raw
Rohrleitung	Tubing
Rolle	Reel
Rollen	Scroll -to
Rolltisch	Trolley
Rost	Rust
Rostfrei	Stainless
Rück-Taste	Backspace
Rückbelastung	Chargeback
Rückerstattung	Refund
Rückgängig Machen	Undo -to
Rückgrat	Backbone
Rückmeldung	Feedback
Rückruf	Recall
Rückseite	Back, Rear
Rücksichtsvoll	Considerate
Rückstand	Backlog
Rückwärts	Backward
Rückzahlung	Reimbursement
Ruf	Image, Reputation
Ruhezustand	Rest
Rund	Round
Runden	Round -to
Rutschfest	Non-slip

S

Sachbearbeiter	Clerk
Sachdienlich	Relevant
Sachverhalt	Issue
Saldo	Balance
Sammelleitung	Bus
Sammeln	Collect -to, Gather -to
Satellit	Satellite
Sättigen	Saturate -to
Sättigung	Saturation
Satz	Set
Satzaufbau	Syntax
Sauerstoff	Oxygen
Säure	Acid
Schablone	Template
Schachteln	Interleave -to
Schachtelung	Nesting
Schaden	Damage, Harm
Schädigen	Harm -to
Schale	Shell
Schallschluckhaube	Acoustic Hood
Schalten	Switch -to
Schalter	Dipswitch, Switch
Schaltkreis	Circuit
Schalttafel	Patch Panel

Scharnier	Hinge	Schraubendreher	Screw Driver
Schatten	Shade	Schraubverbindung	Threaded Nut Coupling (TNC)
Schattierung	Shading		
Schätzen	Estimate -to	Schreibblock	Pad
Schätzung	Estimate	Schreiben	Write -to
Scheck	Cheque	Schreibmarke	
Scheibe	Slice	(Bildschirm)	Cursor
Scheinbar	Virtual	Schreibmaschine	Typewriter
Scheitern	Fail -to	Schreibschutz	Write Protection
Schicht	Tier	Schreibtisch	Desk
Schicken	Send -to	Schreibtisch Oberfläche	Desk Top
Schlagartig		Schreibwaren	Stationery
Ausbreiten (s.)	Balloon -to	Schreibweise	Notation
Schlagen	Beat -to	Schriftart	Font, Typestyle
Schlagwort	Buzzword	Schriftbild	Typeface
Schlagzeile	Headline	Schriftstück	Document
Schlecht	Bad	Schrumpfen	Shrink -to
Schleife	Loop	Schutz	Protection, Safeguard
Schleppen	Lug -to	Schützen	Protect -to, Safeguard -to
Schlichtung	Arbitration		
Schließen	Close -to	Schutzplatte	Shield
Schließen (Betrieb)	Close Down -to	Schwäche	Weakness
Schloß	Lock	Schwarz	Black
Schlußfolgerung	Conclusion	Schweißen	Weld -to
Schlüssel	Key	Schwelle	Threshold
Schlüsselfertig	Turn-key	Schwenkarm	Swivel Arm
Schneiden	Cut -to	Schwer	Heavy
Schnell	Fast, Quick	Schwerwiegend	Severe
Schnittpunkt	Intersection	Schwierig	Complicated
Schnittstelle	Interface	Schwierig	Difficult
Schnur	Cord	Schwierigkeit	Difficulty
Schoß	Lap	Schwingen	Vibrate -to
Schrägstrich	Slash	Schwingung	Vibration
Schrank	Cabinet, Closet	Seite	Page
Schraube	Bolt, Screw	Seitenaufteilung	Pagination

Seitenauslagerung	Paging
Seitenvorschub	Form Feed
Seitwärts	Sideways
Sekretär(in)	Secretary
Sekunde	Second
Selbst	Self
Selbsterklärend	Self-explanatory
Selbstständig	Freelance
Seltenheit	Scarcity
Sender	Transmitter
Senkrecht	Perpendicular
Seriennummer	Serial Number
Seßhaft	Resident
Setzen	Place -to
Sicher	Failsafe, Safe, Secure
Sicherheit	Safety, Security
Sichern	Save -to, Secure -to
Sicherstellen	Ensure -to, Make Sure -to
Sicherung	Fuse
Sichtbar	Visible
Silbentrennung	Hyphenation
Silber	Silver
Sinn	Sense
Sinnbild	Icon
Sinus Kurve	Sine Wave
Sitzung	Meeting, Session
Sofort	Immediately
Sonderzeichen	Special Character
Sozialleistungen	Fringe Benefits
Spalte	Column
Spannung	Tension
Spannung (el.)	Voltage
Spannungsabfall	Voltage Drop
Spannungsspitze	Surge
Speicher	Storage
Speicheraufteilung	Partitioning
Speicherauszug	Dump
Speichermedien	Media
Speichern	Store -to
Sperre	Lock
Sperre	Barrier
Sperren	Lock -to
Sperrfrist	Retention Period
Spiegel	Mirror
Spiegelbild	Reflection
Spiel	Game
Spielen	Play -to
Spielraum	Margin
Spiralkabel	Coiled Cable
Spitze	Peak
Sprache	Language, Speech
Sprecher	Speaker, Spokesperson
Springen	Jump -to
Spur	Track
Stabil	Stable
Stahl	Steel
Stand (Ausstellung)	Booth
Stand-Linie (tel.)	Leased Line
Ständer	Stand
Standfest	Sturdy
Standpunkt	Point Of View, Position, Stance
Stanzer	Punch
Stapel	Batch
Stapelspeicher	Stack
Stärke	Strength
Starr	Rigid
Startvorgang	Initialisation
Statistik	Statistic

Stau	Congestion, Jam
Staub	Dust
Steckdose	Socket
Stecker	Male (Plug), Plug
Steckkarte	Board
Steckplatz	Slot
Stecktafel	Panel
Steckverbinder	Connector
Steigern	Increase -to
Steigern (Stufenweise)	Escalate -to
Steigerung	Gain, Increase
Steigerung (Stufenweise)	Escalation
Stelle	Location
Stempel	Stamp
Stern(chen)	Asterisk
Stetigkeit	Continuity
Steuer	Tax
Steuereinheit	Controller
Steuererhebung	Levy
Steuern	Control -to
Steuerung	Control
Stift	Pen, Pin
Stille	Silence
Stillstand	Deadlock
Stimme	Voice
Stockwerk	Floor, Story
Stören	Disturb -to, Interfere -to
Stornierung	Cancellation
Störung	Disturbance, Interference
Strahl	Beam
Strecke	Route
Streckenwahl	Routing
Streifen	Strip
Streit	Contention
Strich Code	Bar-Code
Strom (el.)	Current, Power
Stromausfall	Blackout, Power Failure
Stromkabel	Power Cord
Stromnetz	Mains
Stromschwingung (Hertz)	Cycle
Stromspitze	Power Peak
Stromversorgung	Power Supply
Stuhl	Chair
Suchbegriff	Search Key
Suche	Search
Suchen	Search -to, Seek -to
Summe	Sum
Synchron	Synchronous
System Stillstand	Hang-up
Systemabsturz	Crash
Systemstart	Boot
Systemverfügbarkeit	Uptime
Systemverwaltung	Housekeeping

T

Tabelle	Table
Tageskalender	Diary
Tagesordnung	Agenda
Täglich	Daily
Taktgeber	Clocking Device
Tarif	Rate, Tariff
Taschenrechner	Pocket Calculator
Tastatur	Keyboard
Taste	Key
Tastenanschlag	Key-stroke
Tastendruck	Key Depression
Tastenkappe	Keycap

Tätigkeit	Action, Activity	Tragen	Carry -to, Port -to
Tatsache	Fact	Träger	Carrier
Technik	Technique	Treffer	Hit
Techniker	Technician	Treiber	Driver
Teil	Part	Trennen	Cut Off -to, Disconnect -to
Teilen (m. jmdm.)	Share -to		
Teiler	Splitter	Trennen (log.)	Detach -to
Teilmenge	Subset	Tresor	Safe
Teilnahme	Participation	Trommel	Drum
Teilnehmen	Participate -to	Trotz	Despite
Teilnehmer	Participant	Typenrad	Daisy Wheel
Teilnehmer	Attendee	Typenrad Drucker	Daisy Wheel Printer
Teilweise	Partial		
Telefonzelle	Call Box, Phone Booth	**U**	
		Überbrücken	Bridge -to
Temperatur	Temperature	Übereinstimmen	Match -to
Tendenz	Tendency, Trend	Übereinstimmend	Identical
Termin	Appointment	Übereinstimmung	Match
Test	Test, Trial	Überflüssig	Redundant, Superfluous
Teuer	Expensive	Übergang	Migration, Transition
Teufelskreis	Vicious Cycle	Überladen	Overload -to
Textverarbeitung	Text Processing, Word Processing	Überlagern	Superimpose -to
		Überlagerung	Overlay
Thema	Subject, Topic	Überlappung	Overlap
Tief	Low	Überlauf	Overrun
Tiefe	Depth	Überleben	Survive -to
Tiefstellung	Subscript	Überlegen	Superior
Tiefstwertig	Low Order	Überlegenheit	Superiority
Tilgung	Clearance	Übermäßig	Excessive
Tintenstrahl	Ink-jet	Übermitteln	Communicate -to
Tintenstrahl Drucker	Ink-jet Printer	Überprüfen	Validate -to
Tippfehler	Typo	Überraschend	Surprising
Tochter	Daughter	Überraschung	Surprise
Tochtergesellschaft	Subsidiary	Überreden	Persuade -to
Tragbar	Portable	Überschrift	Heading

Überschuß	Redundancy, Surplus	Umgekehrt	Inverted, Inverse, Reverse
Überschüssig	Redundant		
Übersetzen	Interprete -to, Translate -to	Umgestalten	Reshape -to
		Umleiten	Redirect -to, Reroute -to
Übersetzer	Interpretor, Translator	Umrechnungskurs	Conversion Rate
Übersetzung	Translation	Umsatz	Revenue, Turnover
Überspringen	Skip -to	Umschlag	Envelope, Sleeve
Überspringen	Jump -to	Umsetzen	Convert -to
Übersteigen	Exceed -to	Umsetzung	Conversion
Überstunden	Overtime	Umstand	Circumstance
Übertragbarkeit	Portability	Umwandeln	
Übertragen	Transfer -to, Transmit -to	(Programm)	Compile -to
Übertragung	Transfer, Transmission	Umwandler	
Übertragungs-		(analog/digital)	Digitiser
geschwindigkeit	Line Speed	Umwandlung	
Überwachen	Control -to, Monitor -to	(Programm)	Compilation
Überwechseln	Migrate -to	Unabhängig	Independent
Überzeugen	Convince -to, Persuade -to	Unähnlich	Dissimilar
		Unangemessen	Inadequate
Übrig	Residual	Unangenehm	Awkward
Übrigbleiben	Remain -to	Unaufgefordert	Unsolicited
Uhr	Clock	Unbeaufsichtigt	Unattended
Um Rat Fragen	Consult -to	Unbegrenzt	Unlimited
Umbenennen	Rename -to	Unbeweglich	Immobile
Umbilden	Reshuffle -to	Unendlich	Infinite
Umfang	Volume	Unentbehrlich	Indispensable
Umfassen	Comprise -to, Embrace -to	Unerwartet	Unexpected
		Ungebraucht	Unused
Umfassend	Comprehensive, Extensive	Ungefähr	Approximately
		Ungelegen	Inconvenient
Umfeld	Environment	Ungeplant	Unscheduled
Umgebend	Ambient	Ungerade	Odd
Umgebung	Surroundings	Ungesetzlich	Illegal
Umgehen	Bypass -to	Ungleich	Dissimilar, Unlike
		Ungreifbar	Intangible

Ungültig	Invalid
Ungültig Machen	Void -to
Unklar	Obscure
Unmittelbar	Instant
Unmöglich	Impossible
Unnötig	Needless
Unrichtige Bezeichnung	Misnomer
Unschätzbar	Invaluable
Untätig	Idle
Unter Zeitdruck	Pressed For Time
Unter-	Sub-
Unterbinden	Inhibit -to
Unterbrechen	Interrupt -to
Unterbrechung	Interrupt, Interruption
Unterdrücken	Suppress -to
Unterdrückung	Suppression
Untereinander Verbinden	Interconnect -to
Unteres Ende	Bottom
Untergeben(e/er)	Subordinate
Untergrenze	Lower Limit
Unterhalb	Beneath
Unterhaltung	Conversation
Unterlage	Pad
Unterliegen	Be Subject To -to
Unternehmen	Company, Enterprise
Unterprogramm	Subroutine
Unterrichten	Brief -to
Unterscheiden	Differentiate -to, Distinguish -to
Unterscheiden (s.)	Differ -to, Vary -to
Unterschied	Difference
Unterschreiben	Sign -to
Unterschrift	Signature
Unterstreichen	Underline -to
Unterstützen	Assist -to, Support -to
Unterstützung	Assistance, Support
Untersuchen	Analyse -to, Investigate -to, Survey -to
Untersuchung	Analysis, Investigation, Survey
Unterteilung	Partition, Subdivision
Unterwegs	Underway
Unübertroffen	Unsurpassed
Ununterbrochen	Uninterrupted
Unverfügbarkeit	Outage
Unvermeidlich	Inevitable
Unversehrtheit	Integrity
Unverträglich	Incompatible
Unverzüglich	Instantaneous
Unvollständig	Incomplete
Unwirksam	Ineffective
Unzugänglich	Inaccessible
Unzweifelhaft	Undoubtedly
Urheberrecht	Copyright
Urlaub	Vacation
Ursprung	Origin

V

Ventilator	Fan
Veralterung	Obsolescence
Veraltet	Obsolete
Veränderbar	Revisable
Veränderlich(e Größe)	Variable
Verändern	Modify -to
Verankern	Anchor -to
Veranschaulichen	Illustrate -to
Veranschlagen	Assess -to
Verantwortung	Responsibility

Verarbeiten	Process -to
Verbergen	Conceal -to
Verbessern	Enhance -to, Improve -to
Verbesserung	Enhancement, Improvement
Verbietend	Prohibitive
Verbinden	Connect -to, Link -to
Verbinden (log.)	Attach -to
Verbindlichkeit	Liability
Verbindung	Connection, Link
Verbindung Abbrechen	Disconnect -to
Verbindungsabbruch	Disconnection
Verbindungsmöglichkeit	Connectivity
Verborgen	Hidden, Latent
Verbrauchen	Consume -to
Verbraucher	Consumer
Verbrauchsmaterial	Consumables
Verbreitung	Dissemination
Verbunden (Mit Host)	On-line
Verdichten	Compress -to, Condense -to
Verdichtung	Compression
Verdienen	Earn -to
Verdienst	Earnings
Verdoppeln	Duplicate -to
Verdoppelung	Duplication
Verdrilltes Kabel	Twisted Pair Cable
Vereinfachen	Simplify -to, Streamline -to
Vereinigt	Incorporated
Verfahren	Procedure, Process
Verfahrensweise	Technique
Verfallsdatum	Expiration Date
Verfasser	Author
Verfeinern	Refine -to
Verfeinerung	Refinement
Verfielfältigen	Duplicate -to
Verfolgen	Track -to
Verfügbar	Available
Verfügbarkeit	Availability
Vergangen(heit)	Past
Vergleich	Comparison
Vergleichbar	Comparable
Vergleichen	Compare -to
Vergleichstest	Benchmark(test)
Vergrößern	Magnify -to
Verhalten	Behave -to, Behaviour
Verhältnis	Ratio (math.), Relation, Relationship
Verhandlung	Negotiation
Verhängnisvoll	Fatal
Verhindern	Prevent -to
Verkauf	Sale
Verkaufen	Sell -to
Verkäufer	Salesman, Vendor
Verkehr	Traffic
Verkettung	Concatenation
Verknüpfen	Tie Together -to
Verlängerungsschnur	Extension Lead
Verlangsamen	Slow Down -to
Verlassen	Abandon -to, Exit -to, Quit -to
Verlassen Auf	Rely On -to
Verlegen	Relocate -to, Transfer -to
Verletzen	Injure -to
Verletzen (Gesetz)	Violate -to
Verletzung	Injury
Verletzung (Gesetz)	Violation

Verlieren	Lose -to
Verlust	Loss
Vermeiden	Avoid -to
Vermeidung	Avoidance
Vermieten	Rent -to
Vermindern	Decrease -to, Degrade -to, Reduce -to
Verminderung	Decrease, Degredation, Reduction
Vermittlung (Tel.)	Switchboard
Vernetzen	Network -to
Vernünftig	Reasonable, Sensible, Sound
Veröffentlichen	Publish -to
Veröffentlichung	Publication
Verpackung	Packaging
Verpassen	Miss -to
Verpflichtung	Commitment, Obligation
Versagen	Fail -to
Versand	Dispatch
Verschachteln	Nest -to
Verschieben	Displace -to, Move -to, Shift -to
Verschieben (Zeit)	Defer -to
Verschieben (zeitl.)	Postpone -to
Verschiebung	Displacement, Shift
Verschieden	Miscellaneous
Verschiedenartig	Mixed
Verschlechtern	Deteriorate -to
Verschlechterung	Deterioration
Verschleiß	Wear
Verschluß	Shutter
Verschlüsseln	Code -to, Encode -to, Encipher -to, Encrypt -to
Verschlüsselung	Code, Encryption
Verschmieren	Smudge -to
Verschmutzung	Pollution
Verschönerung	Embellishment
Verschwenden	Waste -to
Verschwendung	Waste
Verschwinden	Disappear -to
Versehentlich	Accidental
Versenden	Mail -to
Verseuchung	Contamination
Versichern	Insure -to
Versicherung	Insurance
Versicherungspolice	Policy
Version	Version
Versorgen Mit	Provide With -to
Versprechen	Promise, Promise -to
Verständlich	Intelligble
Verständnis	Comprehension
Verstärken	Amplify -to, Reinforce -to
Verstärker	Amplifier, Booster
Verstärkung	Reinforcement
Verstecken	Hide -to
Verstopfen	Clog -to
Verstopft	Congested, Jammed
Verstoß	Offence
Verstreichen	Elapse -to
Verstreuen	Scatter -to
Verstreut	Dispersed
Verstümmeln	Garble -to
Versuch	Attempt, Try
Versuchen	Attempt -to, Try -to
Vertagen	Adjourn -to
Verteidigen	Defend -to
Verteidigung	Defense

Verteilen	Distribute -to
Verteilung	Distribution
Vertrag	Contract
Verträglich	Compatible
Vertraglich	Contractual
Verträglichkeit	Compatibility
Vertraulich	Confidential
Vertraut	Familiar
Vertreter	Representative
Vervielfachen	Multiply -to
Vervollständigen	Complete -to
Verwalten	Administer -to
Verwalter	Administrator
Verwaltung	Administration, Management
Verwandeln	Transform -to
Verwenden	Use -to
Verwirklichen	Realise -to
Verwirrend	Confusing
Verwischen	Blur -to
Verwischt	Fuzzy
Verwundbar	Vulnerable
Verwundbarkeit	Vulnerability
Verzeichnis	Directory
Verzerren	Distort -to
Verzerrung	Glitch, Distortion
Verzichten Auf	Waive -to
Verzögern	Delay -to
Verzögerung	Delay, Slippage
Verzweigen	Branch -to
Verzweigung	Branch
Vielfach	Multiple
Vielfältig	Diverse
Vielseitig	Versatile
Vielseitigkeit	Versatility
Vielzahl	Variety
Vielzweck-	General-purpose
Vierteljährlich	Quarterly
Völlig	Entirely
Vollständig	Complete
Von Oben Nach Unten	Top-down
Von Unten Nach Oben	Bottom-up
Vor (Zeit)	Prior To
Vor Ort	On-site
Vor-	Pre-
Vorangehen	Precede -to
Vorausahnen	Anticipate -to
Vorausgesetzt	Provided
Voraussage	Prediction
Voraussagen	Predict -to
Vorausschau	Preview
Voraussetzung	Prerequisite
Voraussicht	Anticipation
Vorbehalt	Reservation
Vorbehaltlich	Subject To
Vorbereiten	Prepare -to
Vorbereitung	Preparation
Vorbeugend	Precautionary
Vordergrund	Foreground
Vorderseite	Front
Vorfall	Incident
Vorführen	Demonstrate -to
Vorführung	Demo(nstration)
Vorgabewert	Default
Vorgang	Transaction
Vorgänger	Predecessor
Vorgehen	Proceed -to
Vorgesetzter	Superior
Vorhanden Sein	Be Present -to
Vorhandensein	Presence

Vorherige(r)	Previous
Vorherrschend	Predominant
Vorhersage	Forecast
Vorhersagen	Forecast -to, Predict -to
Vorkehrung	Provision
Vorkommen	Happen -to, Occur -to
Vorläufig	Interim, Provisional, Temporary
Vorrang	Priority
Vorrechner	Front End Processor (FEP)
Vorschlag	Proposal, Suggestion
Vorschlagen	Propose -to, Suggest -to
Vorschub	Skip
Vorsicht	Caution, Precaution
Vorsichtsmaßnahme	Precautionary Measure
Vorsilbe	Prefix
Vorsitzender	Chairman
Vorsorgende Wartung	Preventive Maintenance
Vorstand	Board of Directors
Vorstellen	Introduce -to
Vorstellen (s. etw.)	Imagine -to
Vorstellung	Introduction
Vorstellungskraft	Imagination
Vorteil	Advantage, Benefit
Vorwärts	Forward
Vorzeichen	Sign
Vorzeitiges Ende	Abort
Vorziehen	Prefer -to
Vorzug	Preference
Vorzugsweise	Preferably

W

Wachsen	Grow -to
Wachstum	Growth
Wagen (Drucker)	Carriage
Wagenrücklauf (Drucker)	Carriage Return
Wählen	Choose -to, Elect -to
Wählen (Tel.)	Dial Up -to
Wahlfrei	Random
Wahlfreier Zugriff	Random Access
Wahlweise	Optional
Wahrnehmung	Perception
Wahrscheinlich	Probable
Wahrscheinlichkeit	Probability
Währung	Currency
Wandler	Converter
Ware	Merchandise
Warenzeichen	Trademark
Wärme-	Thermo-
Warten	Wait -to
Warten (tech.)	Maintain -to
Warteschlange	Chain, Queue
Wartung	Maintenance
Was - wenn	What If
Wechsel	Change
Wechselbeziehung	Correlation
Wechseln	Change -to
Wechselseitig	Interactive
Wechselstrom	Alternate Current (AC)
Weggehend	Outbound
Weglassen	Omit -to
Weiblich	Female
Weich	Soft
Weiß	White
Weit	Wide
Weite	Width
Weiterleiten	Forward -to
Weitverbreitet	Prevalent

Weitverkehrsnetz	Wide Area Network (WAN)
Welle	Spindle
Welle (el.)	Wave
Weltraum	Space
Weltweit	Global, Worldwide
Wenden An (s.)	Address -to
Wenig	Little
Wenige	Few
Wenigstens	At least
Werk	Plant
Werkzeug	Tool
Werkzeugkasten	Tool Box
Wert	Value, Worth
Wertminderung	Depreciation
Wertungsmerkmal	Criterion (pl. -ia)
Wertvoll	Valuable
Wertzuwachs	Appreciation
Wettbewerb	Contest
Wetteifern	Compete -to, Vie -to
Wetteifernd	Vying
Wichtig	Essential, Important
Widerspiegeln	Reflect -to
Widerspruch	Contradiction, Inconsistency
Widersprüchlich	Inconsistent
Widerstand	Resistance
Widerstand (el.)	Resistor
Widerstandsfähig	Resistant, Robust
Widerstehen	Resist -to
Widerstreben	Reluctance
Widerwillig	Reluctant
Widmen	Dedicate -to
Wiederanlauf	Restart
Wiederanlaufpunkt	Checkpoint
Wiederaufladbar	Rechargeable
Wiederaufladen	Recharge -to
Wiederaufnehmen	Resume -to
Wiedergabe	Reproduction
Wiederherstellen	Recover -to, Restore -to
Wiederherstellung	Recovery
Wiederholen	Repeat -to
Wiederholend (s.)	Iterative
Wiederholung	Iteration, Repitition
Wiederholungslauf	Rerun
Wiederholungsversuch	Retry
Wiederkehren	Recur -to
Wiederverkauf	Resale
Wiederverkäufer	Retailer
Wiederverwenden	Reuse -to
Willkürlich	Arbitrary
Winkel	Angle
Wirklich	Real
Wirklichkeit	Reality
Wirkungskreis	Scope
Wirkungsvoll	Effective
Wirtschaft	Economy
Wirtschaftlich	Economical
Wirtschaftlichkeit	Economics
Wissen	Literacy
Wissenschaft	Science
Wissenschaftler	Scientist
Wissenschaftlich	Scientific
Wochenende	Weekend
Wohlüberlegt	Calculated
Wort	Word
Wortbedeutung	Semantics
Wortreich	Verbose
Wuchern	Proliferate -to
Wucherung	Proliferation

Wurzel	Root	Zentralrechner	Mainframe
		Zentrieren	Center -to
Z		Zerlegen	Disassemble -to
Zahl	Number	Zerreißen	Tear -to
Zählen	Count -to	Zerstören	Destroy -to
Zahlenverarbeitung	Number Crunching	Zerstörung	Destruction
Zähler	Count, Meter	Zerstückelung	Fragmentation
Zahlreich	Numerous	Zettel	Slip
Zahlung	Payment	Zeugnis	Certificate
Zahlungsbedingungen	Payment Terms	Ziel(ort)	Destination
Zange	Pliers	Ziel	Aim, Goal, Objective, Target
Zeichen	Character, Mark, Sign		
Zeichendichte	Pitch	Zielen	Aim -to
Zeichensatz	Character Set	Ziffer	Digit
Zeichnen	Draw -to, Plot -to	Zitieren	Quote -to
Zeichnung	Drawing, Sketch	Zögern	Hesitate -to
Zeigegerät	Pointing Device	Zoll	Customs
Zeigen Auf	Point At -to	Zone	Region
Zeiger	Pointer	Zu Eigen Machen (s.)	Adopt -to
Zeilenvorschub	Line Feed	Zubehör	Accessory, Ancillary Equipment
Zeit	Time		
Zeitabschnitt	Period, Term	Zuflucht Nehmen	Resort -to
Zeitalter	Era, Generation	Zuführung	Feed
Zeitgeber	Timer	Zugang	Access
Zeitlich Einrichten	Time -to	Zugänglich	Accessible
Zeitplan	Schedule	Zugegen Sein	Attend -to
Zeitpuffer	Slack	Zugeständnis	Concession
Zeitscheibe	Time Slice	Zugestehen	Grant -to
Zeitschrift	Magazine	Zugleich Da Sein	Coexist -to
Zeitüberschreitung	Time-out	Zugreifen Auf	Access -to
Zeitung	Newspaper	Zugriff	Access
Zeitverlust	Time Lag	Zugriffszeit	Access Time
Zelle	Booth, Cell	Zuhause	Home
Zentraleinheit	Central Processor Unit (CPU)	Zukunft	Future
		Zulieferungen	Supplies

Zum Vorschein Kommen	Emerge -to	Zusammenpassen	Match -to
Zunutze Machen (s. etw.)	Take Advantage Of -to	Zusammensetzung	Composition
		Zusammenstellen	Compile -to, Compose -to
Zuordnen	Assign -to		
Zur Anwendung Kommen	Apply -to	Zusammenstellen (tech.)	Configure -to
Zur Kenntnis Nehmen	Register -to	Zusammenstellung	Compilation
Zurück	Back	Zusammenstoß	Collision
Zurückbehalten	Retain -to	Zusammenstoßen	Collide -to
Zurückerstatten	Reimburse -to	Zusatz(ausrüstung)	Option
Zurückgeben	Return -to	Zusätzlich	Additional, In Addition, Optional
Zurückholen	Retrieval, Retrieve -to		
Zurückkehren	Return -to	Zuschlag(sgebühr)	Surcharge
Zurückkommen Auf	Revisit -to	Zuschneiden Auf	Customise -to, Tailor -to
Zurückrufen	Recall -to	Zusichern	Assure -to
Zurücksetzen	Reset -to	Zusicherung	Assurance
Zurückspeichern	Restore -to	Zustand	Condition, State, Status
Zurückspulen	Rewind -to	Zustandebringen	Accomplish -to
Zurückverfolgen	Trace -to	Zustimmen	Agree -to
Zurückziehen	Withdraw -to	Zustimmung	Agreement
Zusammenarbeit	Cooperation	Zuteilen	Allocate -to, Allot -to
Zusammenarbeiten	Cooperate -to	Zuteilung	Allocation
Zusammenbauen	Assemble -to	Zutritt	Admission
Zusammenbruch	Breakdown	Zuverlässig	Reliable
Zusammenfassen	Consolidate -to, Summarise -to	Zuverlässigkeit	Reliability
		Zuversichtlich	Confident
Zusammenfassung	Consolidation, Recap, Summary	Zwang	Constraint
		Zweck	Purpose
		Zweifach	Duplex
Zusammenfügen	Combine -to, Join -to	Zweifel	Doubt
Zusammengesetzt	Compound	Zweifeln	Doubt -to
Zusammenhaltend	Cohesive	Zweisprachig	Bilingual
Zusammenhängend	Coherent	Zweite(r)	Second
Zusammenklammern	Staple -to	Zweiwertig	Dual
Zusammenlaufen	Converge -to	Zwingend	Mandatory

Zwischen-	Intermediate
Zwischenspeichern	Spool -to
Zwischensumme	Subtotal

Introduction

Hardly ever has man been impacted more immediately and more universally in his working environment than during the past few years, when rapidly evolving technologies in the field of information processing and communications revolutionised his desktop — the type of work, the way he was doing his work and even his language.

Thus, today we work with Terminals and Personal Computers; we produce information and communicate this via Clusters Controllers, Leased Lines and FEP's to Host Computers, or via PBX or LAN to other recipients for on- or offline processing; we work with Fax equipment, Multiplexors and read Tutorials.

These and many other special terms are part of a new ‚language' which, whilst based on the English language, has developed and adopted its own expressions, interpretations and meanings of words within the framework of these new office technologies.

‚Speaking' this language has become increasingly important to avoid inefficiencies or even operating errors caused through incorrect interpretations or misunderstanding of trade-magazines, hard/software installation instructions, program descriptions and other documentation and literature.

This dictionary was compiled to provide precise and easy to understand translation of those technical and other general terms with which the user is confronted most frequently in today's high-technology office environment.

To achieve this objective, care was taken that translations are appropriate to this special environment and make sense; special terms are translated only by single-word terms and not with descriptions or long sentences; this dictionary contains no English terms which cannot or should not reasonably be translated or which have been adopted in their English form in the German language.

Furthermore, great care was taken that the scope of the dictionary should not be limited to mere technical terms, but that it should also cover other related terms and expressions which the user will find useful to get a generally better understanding of this important area of technology.

Cologne, March 1989

The following special abbreviations were used in this dictionary:

Adj.	Adjectiv
El.	Electrical, Electronic(s)
Techn.	Technical
Tel.	Telephone, Telecommunications
Geo.	Geometric
Ges.	Legal
Hist.	Historical
Math.	Mathematical
Mech.	Mechanical
Prep.	Preposition

A	
Abandon -to	Verlassen
Abbreviate -to	Abkürzen
Abbreviation	Abkürzung
Abend	Programmabbruch
Ability	Fähigkeit
Able	Fähig
Abort	Vorzeitiges Ende
Abort -to	Abbrechen
Abrasion	Abrieb
Absence	Abwesenheit
Absent	Abwesend
Absenteeism	Regelmäßige Abwesenheit
Accelerate -to	Beschleunigen
Acceleration	Beschleunigung
Accept -to	Annehmen
Acceptable	Annehmbar
Acceptance	Annahme
Access	Zugang, Zugriff
Access -to	Zugreifen Auf
Access Time	Zugriffszeit
Accessible	Zugänglich
Accessory	Zubehör
Accidental	Versehentlich
Accompany -to	Begleiten
Accomplish -to	Zustandebringen
According To	Laut (Präp.)
Account	Konto
Accounting	Buchhaltung
Accumulate -to	Ansammeln
Accumulation	Ansammlung
Accuracy	Genauigkeit
Accurate	Genau
Achieve -to	Erreichen
Achievement	Errungenschaft
Acid	Säure
Acknowledge -to	Bestätigen
Acknowledgement	Bestätigung
Acoustic Coupler	Akustischer Koppler
Acoustic Hood	Schallschluckhaube
Acquire -to	Erwerben
Acquisition	Erwerb
Action	Tätigkeit, Maßnahme
Activate -to	In Betrieb Setzen
Activity	Tätigkeit
Adapt -to	Anpassen
Adaptable	Anpassungsfähig
Adaptation	Anpassung
Adapter	Anpassungsgerät
Add -to	Hinzufügen
Additional	Zusätzlich
Address	Anschrift
Address -to	Ansprechen, Wenden An (s.)
Addressee	Empfänger
Adequate	Angemessen
Adhere To -to	Befolgen
Adhesive	Klebstoff
Adhesive Label	Aufkleber
Adjacent	Angrenzend
Adjourn -to	Vertagen
Adjust -to	Einstellen (tech.)
Adjustment	Justierung
Administer -to	Verwalten
Administration	Verwaltung
Administrator	Verwalter
Admission	Zutritt
Adopt -to	Zu Eigen Machen (s.)
Advance	Fortschritt

Advanced	Fortgeschritten
Advantage	Vorteil
Advertise -to	Inserieren, Reklame Machen
Advertisement	Inserat, Reklame
Advertiser	Inserent
Advice	Ratschlag
Advise -to	Beraten
Affect -to	Betreffen
Afford -to	Leisten (s.)
Affordable	Erschwinglich
Ageing	Alterung
Agenda	Tagesordnung
Agree -to	Zustimmen
Agreement	Abkommen, Zustimmung
Aim	Ziel
Aim -to	Zielen
Air	Luft
Air Conditioning	Klimaanlage
Air Duct	Luftschlitz
Air Pollution	Luftverschmutzung
Alert	Alarm
Alert -to	Alarmieren
Align -to	Ausrichten
Alignment	Ausrichtung
Alike	Gleich
Alleviate -to	Mindern
Allocate -to	Zuteilen
Allocation	Zuteilung
Allot -to	Zuteilen
Alter -to	Ändern
Alteration	Änderung
Alternate	Abwechselnd
Alternate Current (AC)	Wechselstrom
Amber	Bernstein (farben)
Ambient	Umgebend
Amount	Betrag
Amplifier	Verstärker
Amplify -to	Verstärken
Analyse -to	Untersuchen
Analysis	Untersuchung
Anchor -to	Verankern
Ancillary Equipment	Zubehör
Angle	Winkel
Animation	Bilderbelebung
Annotate -to	Anmerken
Annotation	Anmerkung
Announce -to	Ankündigen
Announcement	Ankündigung
Annoying	Ärgerlich
Annual	Jährlich
Annuity	Jahresrate
Answer	Antwort
Anticipate -to	Vorausahnen
Anticipation	Voraussicht
Appeal	Anklang, Berufung (ges.)
Appeal -to	Gefallen
Appear -to	Erscheinen
Appearance	Erscheinung
Append -to	Anhängen
Appendix	Anhang
Applicant	Bewerber
Application	Anwendung, Bewerbung
Applied	Angewandt
Apply -to	Anwenden, Zur Anwendung Kommen
Apply For -to	Bewerben (s.)

Appoint -to	Ernennen	Attach -to	Anschließen, Verbinden (log.)
Appointment	Termin	Attached	In Der Anlage
Appreciation	Aufwertung, Wertzuwachs	Attachment	Anlage (schriftl.)
Approach	Lösungsweg	Attempt	Versuch
Approach -to	Angehen	Attempt -to	Versuchen
Appropriate	Angemessen	Attend -to	Zugegen Sein
Approval	Genehmigung	Attendance	Anwesenheit
Approve -to	Genehmigen	Attendee	Teilnehmer
Approximately	Ungefähr	Attention	Aufmerksamkeit
Approximation	Annäherung(swert)	Attenuation	Dämpfung
Arbitrary	Willkürlich	Attribute	Merkmal
Arbitration	Schlichtung	Audible	Hörbar
Archive	Archiv	Audit	Revision
Archive -to	Archivieren	Augment -to	Erhöhen
Area	Bereich	Authentication	Beglaubigung
Array	Datengruppe	Authenticity	Echtheit
Arrow	Pfeil	Author	Verfasser
Artificial	Künstlich	Authorisation	Genehmigung
Ascending	Aufsteigend	Authorise -to	Ermächtigen, Genehmigen
Assemble -to	Zusammenbauen		
Assess -to	Veranschlagen	Auxiliary	Hilfs-
Assessment	Einschätzung	Availability	Verfügbarkeit
Asset	Anlagegut	Available	Verfügbar
Assign -to	Zuordnen	Average	Durchschnitt(lich)
Assignment	Aufgabe, Zuordnung	Avoid -to	Vermeiden
Assist -to	Unterstützen	Avoidance	Vermeidung
Assistance	Unterstützung	Award	Auszeichnung
Assume -to	Annehmen	Aware	Gewahr
Assumption	Annahme	Awareness	Bewußtheit
Assurance	Zusicherung	Awkward	Unangenehm
Assure -to	Zusichern	Axis	Achse
Asterisk	Stern(chen)		
Asynchronous	Asynchron		
At least	Wenigstens		

B	
Back	Rückseite, Zurück
Back-up	Datensicherung
Backbone	Rückgrat
Background	Hintergrund
Backlog	Rückstand
Backspace	Rück-Taste
Backward	Rückwärts
Bad	Schlecht
Badge	Ausweismarke
Balance	Bilanz, Gleichgewicht, Saldo
Ball Bearing	Kugellager
Balloon -to	Schlagartig Ausbreiten (s.)
Band	Band (el.)
Band-width	Bandbreite
Bandwidth	Bandbreite
Bar	Balken
Bar Chart	Balkendiagramm
Bar-Code	Strich Code
Bargain	Gelegenheitskauf
Barrier	Sperre
Basket	Korb
Batch	Stapel
Bayonet Nut Coupling (BNC)	Bajonettringverbindung
Be Present -to	Vorhanden Sein
Be Subject To -to	Unterliegen
Beam	Strahl
Beat -to	Schlagen
Behave -to	Verhalten
Behaviour	Verhalten
Believe -to	Glauben
Bell	Klingel
Belt	Riemen
Benchmark(test)	Vergleichstest
Beneath	Unterhalb
Benefit	Vorteil
Benefit From -to	Profitieren Von
Bilingual	Zweisprachig
Bill	Rechnung
Bill -to	Berechnen
Billing	Rechnungsschreibung
Billion	Milliarde
Bin	Eimer
Binary	Binär
Binder	Aktenordner
Bit Map	Bit Muster
Black	Schwarz
Blackout	Stromausfall
Blank	Leerzeichen
Blown Fuse	Durchgebrannte Sicherung
Blueprint	Blaupause
Blur -to	Verwischen
Board	Anschlagtafel, Steckkarte
Board of Directors	Vorstand
Boldface	Fettdruck
Bolt	Schraube, Bolzen
Book	Buch
Booklet	Büchlein
Boost -to	Erhöhen
Booster	Verstärker
Boot	Systemstart
Booth	Stand (Ausstellung), Zelle
Bore	Bohrung
Bottleneck	Engpaß

Bottom	Unteres Ende	Burn -to	Brennen, Einbrennen
Bottom-up	Von Unten Nach Oben	Bus	Sammelleitung
Brace	Klammer	Business	Geschäft, Gewerbe
Bracket	Klammer	Business Graphics	Kaufm. Grafik
Braid	Geflecht	Button	Knopf
Branch	Abzweig-, Niederlassung, Verzweigung	Buy -to	Kaufen
		Buyer	Einkäufer
		Buzzword	Schlagwort
Branch -to	Verzweigen	By-product	Nebenprodukt
Brand	Marke	Bypass -to	Umgehen
Break	Pause		
Break -to	Brechen	C	
Breakage	Bruch	Cabinet	Schrank
Breakdown	Zusammenbruch	Cable	Kabel
Breakpoint	Programmunterbrechung	Cable Clamp	Kabelschelle
		Cable Television (CATV)	Kabelfernsehen
Breakthrough	Durchbruch	Cache	Pufferspeicher
Bridge	Brücke	Calculate -to	(Be)Rechnen
Bridge -to	Überbrücken	Calculated	Wohlüberlegt
Brief	Kurz	Calculation	Berechnung
Brief -to	Unterrichten	Calendar	Kalender
Brightness	Klarheit	Call	Anruf (tel.), Aufruf
Broadband	Breitband	Call -to	Anrufen (tel.), Aufrufen
Brochure	Broschüre	Call Box	Telefonzelle
Browse -to	Durchblättern	Call Off -to	Abblasen, Abrufen
Bubble	Blase	Caller	Anrufer
Bubble Memory	Blasenspeicher	Cancel -to	Abbrechen
Buffer	Puffer	Cancellation	Stornierung
Bug	Programmfehler	Canned	Konserviert
Build -to	Bauen	Capability	Fähigkeit
Building	Gebäude	Capable	Fähig
Built-in	Eingebaut	Capital	Kapital
Bulk Discount	Mengenrabatt	Capital (Letter)	Großbuchstabe
Bundle	Bündel	Capture -to	Erfassen
Burden	Belastung	Card Punch	Kartenlocher

Carriage	Wagen (Drucker)	Channel	Kanal
Carriage Return	Wagenrücklauf (Drucker)	Character	Zeichen
		Character Set	Zeichensatz
Carrier	Träger	Characteristic	Bezeichnend, Merkmal
Carry -to	Tragen	Charge	Anklage, Aufladung (el.)
Cartridge	Kassette	Charge -to	Anklagen, Aufladen (el.)
Case	Anlaß, Koffer	Chargeback	Rückbelastung
Case-study	Fallstudie	Chart	Diagramm
Cash	Bargeld	Cheap	Billig
Cash Flow	Geldfluß	Check	Prüfung
Cash Register	Registrierkasse	Check -to	Prüfen
Cassette	Kassette	Checkpoint	Wiederanlaufpunkt
Cast Iron	Gußeisen	Cheque	Scheck
Cathode Ray Tube (CRT)	Bildröhre	Choice	Auswahl
Caution	Vorsicht	Choose -to	Wählen
Cell	Zelle	Circle	Kreis
Center	Mittelpunkt	Circuit	Schaltkreis
Center -to	Zentrieren	Circumstance	Umstand
Centigrade	Grad Celsius	Circumvent -to	Hintergehen
Central Processor Unit (CPU)	Zentraleinheit	Claim	Anspruch, Behauptung
		Claim -to	Beanspruchen, Behaupten
Certain	Gewiße(r)		
Certificate	Zeugnis	Clamp	Klammer
Certification	Beglaubigung	Clarify -to	Klären
Certify -to	Beglaubigen	Clarity	Klarheit
Chain	Kette, Warteschlange	Classification	Einstufung
Chain Reaction	Kettenreaktion	Classify -to	Einstufen
Chair	Stuhl	Clear	Klar
Chairman	Vorsitzender	Clear -to	Löschen
Challenge	Herausforderung	Clearance	Lichte Weite, Tilgung
Challenge -to	Herausfordern, In Frage Stellen	Clerk	Sachbearbeiter
		Client	Kunde
Chamfer	Abschrägung	Clip	Büroklammer, Klemme
Change	Änderung, Wechsel	Clock	Uhr
Change -to	Ändern, Wechseln	Clocking Device	Taktgeber

Clog -to	Verstopfen	Communications	Informationsaustausch
Clone	Ebenbild	Community	Gemeinde
Close -to	Schließen	Company	Unternehmen
Close Down -to	Schließen (Betrieb)	Comparable	Vergleichbar
Closet	Schrank	Compare -to	Vergleichen
Cluster	Anhäufung	Comparison	Vergleich
Cluster Controller	Gruppensteuereinheit	Compatibility	Verträglichkeit
Coarse	Grob	Compatible	Verträglich
Coating	Beschichtung	Compete -to	Wetteifern
Code	Programminstruktionen, Verschlüsselung	Competition	Konkurrenz
		Competitive	Konkurrenzfähig
Code -to	Programm Schreiben, Verschlüsseln	Competitor	Konkurrent
		Compilation	Umwandlung (Programm), Zusammenstellung
Codicil	Nachtrag (ges.)		
Coexist -to	Zugleich Da Sein		
Coexistence	Miteinander (bestehen)	Compile -to	Umwandeln (Programm), Zusammenstellen
Coherent	Zusammenhängend		
Cohesive	Zusammenhaltend		
Coiled Cable	Spiralkabel	Complain -to	Beschweren
Collect -to	Sammeln	Complaint	Beschwerde
Collection	Ansammlung	Complete	Vollständig
Collide -to	Zusammenstoßen	Complete -to	Vervollständigen
Collision	Zusammenstoß	Completion	Abschluß
Colo(u)r	Farbe	Complex	Kompliziert
Colon	Doppelpunkt	Complicate -to	Erschweren
Column	Spalte	Complicated	Schwierig
Combine -to	Zusammenfügen	Complication	Erschwerung
Command	Befehl	Comply With -to	Entsprechen, Halten An (s.)
Comment	Bemerkung, Kommentar		
Commission	Provision	Component	Bestandteil
Commitment	Verpflichtung	Compose -to	Zusammenstellen
Common	Gemeinsam	Composite	Gemischt
Common Sense	Gesunder Menschenverstand	Composition	Zusammensetzung
		Compound	Zusammengesetzt
Communicate -to	Übermitteln	Comprehend -to	Begreifen

Comprehension	Verständnis	Confirmation	Bestätigung
Comprehensive	Umfassend	Conform To -to	Entsprechen, Richten Nach (s.)
Compress -to	Verdichten		
Compression	Verdichtung	Confusing	Verwirrend
Comprise -to	Umfassen	Confusion	Durcheinander
Computation	Berechnung	Congested	Verstopft
Compute -to	(Be)Rechnen	Congestion	Stau(ung)
Concatenate -to	Aneinanderhängen	Connect -to	Verbinden
Concatenation	Verkettung	Connection	Anschluß (tel.), Verbindung
Conceal -to	Verbergen		
Concede -to	Einräumen	Connectivity	Verbindungsmöglichkeit
Conceivable	Denkbar	Connector	Steckverbinder
Concern	Besorgnis	Consecutive	Forlaufend
Concern -to	Betreffen	Consider -to	Berücksichtigen
Concerned	Besorgt	Considerable	Beträchtlich
Concession	Zugeständnis	Considerate	Rücksichtsvoll
Concise	Prägnant	Consideration	Erwägung
Conclude -to	Enden, Folgern	Consist Of -to	Bestehen Aus
Conclusion	Schlußfolgerung	Console	Bediener-Bildschirm
Concurrent	Gleichzeitig	Consolidate -to	Zusammenfassen
Condense -to	Verdichten	Consolidation	Zusammenfassung
Condition	Bedingung, Zustand	Constant	Beständig, Konstante
Conditional	Bedingt	Constraint	Zwang
Conduct -to	Durchführen	Consult -to	Beraten, Um Rat Fragen
Conductor	Leiter (el.)	Consultant	Berater
Conduit	Kanal	Consumables	Verbrauchsmaterial
Cone	Kegel	Consume -to	Verbrauchen
Conference	Besprechung	Consumer	Verbraucher
Confident	Zuversichtlich	Contact -to	In Verbindung Treten Mit
Confidential	Vertraulich	Contain -to	Enthalten
Configuration	Ausstattung	Container	Behälter
Configure -to	Zusammenstellen (tech.)	Contamination	Verseuchung
		Contention	Streit
Confines	Begrenzung	Contents	Inhalt
Confirm -to	Bestätigen	Contest	Wettbewerb

Contiguous	Angrenzend	Core	Kern
Contingency	Eventualfall	Corporate	Gemeinsam
Continuation	Fortsetzung	Corporation	Gesellschaft
Continue -to	Fortdauern, Fortsetzen	Correct	Richtig
Continuity	Stetigkeit	Correct -to	Berichtigen
Continuous	Endlos, Beständig	Correction	Berichtigung
Continuous Stationery	Endlospapier	Correlation	Wechselbeziehung
Contract	Vertrag	Corrosive	Ätzend
Contractual	Vertraglich	Cost	Kosten
Contradiction	Widerspruch	Cost -to	Kosten
Contribute -to	Beisteuern	Cost-effective	Kostengünstig
Contribution	Beitrag	Count	Zähler
Control	Steuerung	Count -to	Zählen
Control -to	Steuern, Überwachen	Counterpart	Gegenstück
Controller	Steuereinheit	Couple	Paar
Convenience	Annehmlichkeit	Couple -to	Ankuppeln
Convenient	Günstig	Course	Kurs
Conventional	Herkömmlich	Cover	Abdeckung
Converge -to	Zusammenlaufen	Cover -to	Bedecken
Conversation	Unterhaltung	Coverage	Deckung
Conversion	Umsetzung	Crash	Systemabsturz
Conversion Rate	Umrechnungskurs	Create -to	Erzeugen
Convert -to	Umsetzen	Credibility	Glaubwürdigkeit
Converter	Wandler	Creep In -to	Einschleichen (s.)
Convince -to	Überzeugen	Crimping Tool	Quetschzange
Cooperate -to	Zusammenarbeiten	Criterion (pl.-ia)	Wertungsmerkmal
Cooperation	Zusammenarbeit	Critic	Kritiker
Coordinate -to	Abstimmen	Criticism	Kritik
Coordination	Abstimmung	Cross Reference	Querverweis
Copper	Kupfer	Cross-hairs	Fadenkreuz
Copy	Kopie	Currency	Währung
Copy -to	Kopieren	Current	Derzeitig, Strom (el.)
Copy-protection	Kopierschutz	Curriculum Vitae	Lebenslauf
Copyright	Urheberrecht	Cursor	Schreibmarke
Cord	Schnur		(Bildschirm)

Curve	Kurve	Debug -to	Fehler Suchen
Customer	Kunde	Debugger	Fehlersuchprogramm
Customer Engineer (CE)	Außendiensttechniker	Decide -to	Entscheiden
Customise -to	Zuschneiden Auf	Decimal	Dezimal
Customs	Zoll	Decimal Point	Dezimalpunkt
Cut -to	Schneiden	Decision	Entscherdung
Cut Off -to	Abschneiden, Trennen	Declaration	Zollerklärung
Cut Out -to	Ausschneiden	Declare -to	Verzollen
Cut Sheet	Einzelblatt	Decode -to	Entschlüsseln
Cycle	Stromschwingung (Hertz)	Decrease	Verminderung
		Decrease -to	Vermindern
		Dedicate -to	Widmen
D		Dedicated	Gewidmet
Daily	Täglich	Dedication	Hingabe
Daisy Wheel	Typenrad	Default	Vorgabewert
Daisy Wheel Printer	Typenrad Drucker	Defend -to	Verteidigen
Damage	Schaden	Defense	Verteidigung
Damage -to	Beschädigen	Defer -to	Verschieben (Zeit)
Danger	Gefahr	Deficiency	Mangel
Dash	Gedankenstrich	Define -to	Beschreiben
Data	Daten	Definition	Beschreibung
Data Base	Datenbank	Defray -to	Bestreiten (Kosten)
Data Entry	Dateneingabe	Degradation	Verminderung
Data Flow	Datenfluß	Degrade -to	Vermindern
Data Management	Datenverwaltung	Degree	Grad
Data Processing	Datenverarbeitung	Delay	Verzögerung
Data Protection	Datenschutz	Delay -to	Verzögern
Data Security	Datensicherheit	Delete -to	Löschen
Data Storage	Datenspeicher(ung)	Deliberate	Gewollt
Date	Datum	Delimite -to	Abgrenzen
Daughter	Tochter	Delimiter	Abgrenzungszeichen
Deadline	Abgabeschluß	Deliver -to	Liefern
Deadlock	Stillstand	Delivery	Lieferung
Deal	Geschäft	Demand	Nachfrage
Dealer	Händler	Demo(nstration)	Vorführung

Demonstrate -to	Vorführen	Determine -to	Bestimmen
Dense	Dicht	Determined	Entschlossen
Density	Dichte	Detriment	Nachteil
Department	Abteilung	Detrimental	Nachteilig
Depend On -To	Abhängen Von	Develop -to	Entwickeln
Dependency	Abhängigkeit	Developer	Entwickler
Dependent On	Abhängig Von	Development	Entwicklung
Deposit	Anzahlung	Deviate -to	Abweichen
Deposit -to	Hinterlegen	Deviation	Abweichung
Depreciation	Abschreibung, Abwertung, Wertminderung	Device	Gerät
		Dial Up -to	Wählen (Tel.)
		Diaphragm	Membran
Depth	Tiefe	Diary	Tageskalender
Deregulation	Liberalisierung	Differ -to	Unterscheiden (s.)
Descending	Absteigend	Difference	Unterschied
Describe -to	Beschreiben	Differentiate -to	Unterscheiden
Description	Beschreibung	Difficult	Schwierig
Design	Entwurf	Difficulty	Schwierigkeit
Design -to	Entwerfen	Digit	Ziffer
Designate -to	Ausersehen	Digitiser	Umwandler (analog/digital)
Designated	Ausersehen		
Desk	Schreibtisch	Dimension	Abmessung, Dimension
Desk Top	Schreibtisch Oberfläche	Dipswitch	Schalter
Despite	Trotz	Direct Current (DC)	Gleichstrom
Destination	Ziel(ort)	Direction	Richtung
Destroy -to	Zerstören	Directive	Anweisung
Destruction	Zerstörung	Directory	Verzeichnis
Detach -to	Los Machen, Trennen (log.)	Disable -to	Außer Stand Setzen
		Disadvantage	Nachteil
Detect -to	Herausfinden	Disadvantageous	Nachteilig
Detection	Aufdeckung	Disappear -to	Verschwinden
Detector	Melder	Disappointing	Enttäuschend
Deteriorate -to	Verschlechtern	Disassemble -to	Zerlegen
Deterioration	Verschlechterung	Disaster	Katastrophe
Determination	Entschlossenheit	Disclose -to	Enthüllen

Disclosure	Enthüllung	Domestic	Inländisch
Disconnect -to	Trennen	Dominate -to	Beherrschen
Disconnection	Verbindungsabbruch	Dot	Punkt
Discontinue -to	Aufhören	Double	Doppelt
Discount	Ermäßigung	Double Precision	Doppelte Genauigkeit
Discover -to	Entdecken	Doubt	Zweifel
Disk	Platte	Doubt -to	Zweifeln
Disk Controller	Platten Steuereinheit	Down	Außer Betrieb
Disk Drive	Plattenlaufwerk	Downtime	Ausfallzeit
Disk Operating System (DOS)	Platten-Betriebssystem	Downwards	Abwärts
Disk Pack	Plattenstapel	Draft	Entwurf
Disk Unit	Platteneinheit	Draft -to	Entwerfen
Diskette	Diskette	Draftsman	Konstrukteur
Dispatch	Versand	Draw -to	Zeichnen
Dispersed	Verstreut	Drawback	Nachteil
Displace -to	Verschieben	Drawing	Zeichnung
Displacement	Verschiebung	Drill	Bohrer
Display	Anzeige (Video)	Drive	Laufwerk
Display -to	Darstellen	Driver	Treiber
Dissemination	Verbreitung	Drop -to	Absinken
Dissimilar	Ungleich	Drop Cable	Abzweigkabel
Dissolve -to	Auflösen	Drum	Trommel
Distance	Entfernung	Dual	Zweiwertig
Distant	Entfernt	Duct	Kabelkanal
Distinguish -to	Unterscheiden	Dumb	Dumm
Distort -to	Verzerren	Dummy	Attrappe
Distortion	Verzerrung	Dump	Speicherauszug
Distribute -to	Verteilen	Duplex	Zweifach
Distribution	Verteilung	Duplicate	Duplikat
Disturb -to	Stören	Duplicate -to	Verdoppeln, Verfielfältigen
Disturbance	Störung	Duplication	Verdoppelung
Diverse	Vielfältig	Durability	Haltbarkeit
Document	Schriftstück	Durable	Haltbar
Documentation	Dokumentation	Duration	Dauer

Dust	Staub
Dustbin	Mülleimer
Dye	Färbung

E

Ear	Ohr
Early	Früh
Earn -to	Verdienen
Earnings	Verdienst
Earth	Erde
Ease	Leichtigkeit
Ease -to	Erleichtern
Eavesdropping	Lauschen
Economical	Wirtschaftlich
Economics	Wirtschaftlichkeit
Economy	Wirtschaft
Edge	Kante
Edit -to	Bearbeiten
Edition	Ausgabe
Education	Ausbildung
Effect	Auswirkung
Effect -to	Bewirken
Effective	Wirkungsvoll
Efficiency	Leistungsfähigkeit
Efficient	Leistungsfähig
Effort	Aufwand
Eject -to	Auswerfen
Elapse -to	Verstreichen
Elect -to	Wählen
Eliminate -to	Ausschließen
Embarassment	Peinlichkeit
Embed -to	Einbetten
Embellishment	Verschönerung
Embrace -to	Umfassen
Emerge -to	Zum Vorschein Kommen
Emergency	Notfall
Emphasis	Betonung
Emphasise -to	Betonen
Employ -to	Anwenden, Beschäftigen
Employee	Arbeitnehmer
Employer	Arbeitgeber
Empty	Leer
Emulate -to	Nachgestalten
Emulation	Nachgestaltung
Enable -to	Ermöglichen
Encipher -to	Verschlüsseln
Enclose -to	Beifügen, Einfassen
Enclosed	Beigefügt
Enclosure	Abgetrennter Bereich
Encode -to	Verschlüsseln
Encounter -to	Begegnen
Encrypt -to	Verschlüsseln
Encryption	Verschlüsselung
End	Ende
Endanger -to	Gefährden
Endpoint	Endpunkt
Enhance -to	Verbessern
Enhancement	Verbesserung
Enquire -to	Fragen
Enquiry	Erkundigung
Ensure -to	Sicherstellen
Enter (Key)	Eingabe Taste
Enter -to	Betreten, Eingeben
Enterprise	Unternehmen
Entire	Gesamt
Entirely	Völlig
Entity	Element
Entry	Eingabe, Eintrag
Entry-level	Einstieg-

Envelope	Umschlag	Execute -to	Ausführen
Environment	Umfeld	Execution	Ausführung
Equation	Gleichung	Exhaustive	Erschöpfend
Equip -to	Ausrüsten	Exhibit	Anlage (schriftl.), Ausstellungsstück
Equipment	Ausrüstung, Gerät		
Equivalent	Gleich(wertig)	Exhibit -to	Ausstellen
Era	Zeitalter	Exhibition	Ausstellung
Erase -to	Ausradieren	Exit	Ausgang
Eraser	Radiergummi	Exit -to	Verlassen
Error	Fehler	Expand -to	Ausweiten
Error Message	Fehlermeldung	Expansion	Ausweitung
Error-prone	Fehleranfällig	Expect -to	Erwarten
Escalate -to	Steigern (Stufenweise)	Expectation	Erwartung
Escalation	Steigerung (Stufenweise)	Expedite -to	Beschleunigen
Essential	Wichtig	Expenditure	Geldausgabe
Estate	Grundstück	Expense	Kosten
Estimate	Schätzung	Expensive	Teuer
Estimate -to	Schätzen	Experience	Erfahrung
Evaluate -to	Auswerten	Expertise	Erfahrung
Evaluation	Auswertung	Expiration Date	Verfallsdatum
Even	Gerade	Expire -to	Ablaufen (Zeit)
Event	Ereignis	Explain -to	Erklären
Evidence	Beweis	Explanation	Erklärung
Evolution	Entwicklung (hist.)	Explicit	Eindeutig
Examination	Prüfung	Exploit -to	Ausnutzen
Examine -to	Prüfen	Exponent	Potenz (math.)
Example	Beispiel	Express -to	Ausdrücken
Exceed -to	Übersteigen	Expression	Ausdruck(sweise)
Excellent	Ausgezeichnet	Extend -to	Erweitern
Except	Ausgenommen	Extension	Erweiterung, Nebenanschluß (Tel.)
Exception	Ausnahme		
Exceptional	Außergewöhnlich	Extension Lead	Verlängerungsschnur
Excessive	Übermäßig	Extensive	Umfassend
Exchange	Austausch	Extent	Bereich (Datei), Maß
Exchange -to	Austauschen	External	Äußere(r)

Extract	Auszug	File	Datei
Extract -to	Herausziehen	File -to	Ablegen
Extrapolate -to	Hochrechnen	Filing Cabinet	Aktenschrank
Eye	Auge	Fill -to	Füllen
		Filler	Füllfeld
F		Fillet	Abrundung (geo.)
Fabric	Gewebe	Final	Endgültig, Letzte(r)
Facilitate -to	Erleichtern	Finalise -to	Beenden
Facility	Einrichtung	Find -to	Finden
Fact	Tatsache	Fine	Fein, Geldbuße
Fail -to	Scheitern, Versagen	Fine-grain	Feinkörnig
Failsafe	Sicher	Fineness	Feinheit
Failure	Ausfall	Finish	Ende, Letzte Hand
False	Falsch	Finish -to	Beenden
False Floor	Doppelter Boden	Finite	Endlich
Familiar	Vertraut	Fire Extinguisher	Feuerlöscher
Fan	Ventilator	Fire Protection	Brandschutz
Fast	Schnell	Fit -to	Passen
Fasten -to	Festmachen	Fix	Behebung
Fatal	Verhängnisvoll	Fix -to	Befestigen, Beheben
Fatigue	Ermüdung	Fixed	Fest
Fault	Fehler	Flag	Markierung
Feasibility	Durchführbarkeit	Flag -to	Markieren
Feasible	Durchführbar	Flame	Flamme
Feature	Merkmal	Flash	Blitz
Feature -to	Bieten	Flash -to	Blinken
Fee	Gebühr	Flat	Flach
Feed	Zuführung	Flaw	Fehler
Feedback	Rückmeldung	Flicker	Flimmern
Female	Weiblich	Flicker -to	Flimmern
Female (Plug)	Buchse	Float -to	Gleiten
Fetch -to	Holen	Floating Point	Gleitkomma
Few	Wenige	Floor	Boden, Etage, Stockwerk
Fiber	Faser		
Field	Feld	Floppy (Disk)	Diskette

Flow	Fluß	Front End Processor	
Flowchart	Flußdiagramm	(FEP)	Vorrechner
Flush	Eben	Frozen	Eingefroren
Flush -to	Ausspülen	Full Stop	Punkt
Focus	Brennpunkt	Function Key	Funktionstaste
Focus On -to	Augenmerk Richten Auf	Fund -to	Finanzieren
Fold -to	Falten	Funds	Geldmittel
Folder	Aktendeckel	Furniture	Möbel
Font	Schriftart	Fuse	Sicherung
Foolproof	Narrensicher	Future	Zukunft
Footer	Fußzeile	Fuzzy	Verwischt
Forecast	Vorhersage		
Forecast -to	Vorhersagen	G	
Foreground	Vordergrund	Gain	Gewinn, Steigerung
Forfeit -to	Einbüßen	Gain -to	Erlangen
Form	Formular	Game	Spiel
Form Feed	Seitenvorschub	Gap	Lücke
Formula	Formel	Garbage	Abfall
Forward	Vorwärts	Garble -to	Verstümmeln
Forward -to	Weiterleiten	Gate	Gatter
Fraction	Bruchteil	Gateway	Protokollumsetzer
Fragmentation	Zerstückelung	Gather -to	Folgern, Sammeln
Frame	Rahmen	General-purpose	Vielzweck-
Framework	Gerüst	Generate -to	Erzeugen
Fraud	Betrug	Generation	Erzeugung, Zeitalter
Free	Frei	Genuine	Echt
Free -to	Befreien	Glare	Blendung
Free Of Charge	Kostenlos	Glare -to	Blenden
Freelance	Selbstständig	Glitch	Verzerrung
Freeze -to	Einfrieren	Global	Weltweit
Frequency	Frequenz, Häufigkeit	Globe	Globus
Frequent	Häufig	Glue	Klebe
Friction	Reibung	Glue -to	Kleben
Fringe Benefits	Sozialleistungen	Go Bust -to	Pleite Machen
Front	Vorderseite	Go Live -to	Einsetzen

Goal	Ziel	Hazard	Gefahr
Grant -to	Zugestehen	Head	Kopf
Graph	Grafik	Head -to	Anführen
Graphic(al)	Grafisch	Headcount	Personalstand
Gray	Grau	Header	Kopfzeile
Grease	Fett	Heading	Überschrift
Grid	Raster	Headline	Schlagzeile
Gross	Brutto	Headquarters	Hauptverwaltung
Ground	Erdung	Health	Gesundheit
Grow -to	Wachsen	Heat	Hitze
Growth	Wachstum	Heavy	Schwer
Guarantee	Garantie	Height	Höhe
Guarantee -to	Garantieren	Help	Hilfe
Guide	Führer, Führung	Help -to	Helfen
Guide -to	Führen	Hesitate -to	Zögern
Guideline	Richtlinie	Hex(adecimal)	Hexadezimal
		Hidden	Verborgen
H		Hide -to	Verstecken
Half	Halb	High Order	Höchstwertig
Hand	Hand	Highlight	Hervorhebung
Handle	Griff	Highlight -to	Hervorheben, Erhellen
Handle -to	Handhaben	Hinge	Scharnier
Handling	Handhabung	Hire Purchase	Mietkauf
Hands-on	Praktisch	Hit	Treffer
Handset	Hörer (tel.)	Hole-punch	Locher
Handwriting	Handschrift	Holiday	Feiertag
Hang -to	Festhängen	Holidays	Ferien
Hang-up	System Stillstand	Home	Heim, Zuhause
Happen -to	Geschehen, Vorkommen	Host	Hauptrechner
Hard Disk	Festplatte	Hot-test	Funktionstest
Hard Wired	Fest Verdrahtet	Housekeeping	Systemverwaltung
Hardware	Gerät	Hub	Nabe
Harm	Schaden	Huge	Riesig
Harm -to	Schädigen	Human	Menschlich
Hash Total	Quersumme	Humid	Feucht

Humidity	Luftfeuchtigkeit	In Addition	Zusätzlich
Hybrid	Misch-	In Lieu Of	Anstelle Von
Hygrometer	Feuchtigkeitsmesser	Inaccessible	Unzugänglich
Hyphenation	Silbentrennung	Inadequate	Unangemessen
		Inbound	Ankommend
I		Incentive	Anreiz
Icon	Sinnbild	Incident	Vorfall
Idea	Idee	Include -to	Einbeziehen, Enthalten
Identical	Übereinstimmend	Inclusive	Einbegriffen
Identification	Kennung	Income	Einkommen
Identify -to	Bestimmen	Incompatible	Unverträglich
Idle	Untätig	Incomplete	Unvollständig
Ignore -to	Nicht Beachten	Inconsistency	Widerspruch
Illegal	Ungesetzlich	Inconsistent	Widersprüchlich
Illiterate	Analphabet	Inconvenient	Ungelegen
Illustrate -to	Veranschaulichen	Incorporate -to	Einbeziehen
Illustration	Bebilderung	Incorporated	Vereinigt
Image	Abbild, Ruf	Increase	Steigerung
Imagination	Vorstellungskraft	Increase -to	Steigern
Imagine -to	Vorstellen (s. etw.)	Increasingly	Immer Mehr
Imitate -to	Nachahmen	Increment	Erhöhungsfaktor
Imitation	Nachahmung	Increment -to	Erhöhen
Immediately	Sofort	Indent -to	Einrücken
Imminent	Bevorstehend	Indentation	Einrückung
Immobile	Unbeweglich	Independent	Unabhängig
Impact	Einwirkung	Indicate -to	Andeuten
Implement -to	Einführen	Indication	Anzeichen
Implementation	Einführung	Indicator	Anzeiger
Important	Wichtig	Indispensable	Unentbehrlich
Impossible	Unmöglich	Indoors	Drinnen
Impress -to	Beeindrucken	Ineffective	Unwirksam
Impression	Eindruck	Inevitable	Unvermeidlich
Impressive	Eindrucksvoll	Inexpensive	Billig
Improve -to	Verbessern	Inference	Folgerung
Improvement	Verbesserung	Inferior	Minderwertig

Infinite	Unendlich	Integrity	Unversehrtheit
Influence	Einfluß	Intelligible	Verständlich
Influence -to	Beeinflussen	Intend -to	Beabsichtigen
Inform -to	Benachrichtigen	Intention	Absicht
Inherent	Innewohnend	Interactive	Wechselseitig
Inhibit -to	Unterbinden	Interchange	Austausch
Initial	Anfänglich	Interconnect -to	Untereinander Verbinden
Initialisation	Startvorgang	Interface	Schnittstelle
Initialise -to	Einleiten	Interfere -to	Stören
Initials	Anfangsbuchstaben (Name)	Interference	Störung
		Interim	Vorläufig
Initiate -to	Einleiten	Interleave -to	Schachteln
Injure -to	Verletzen	Intermediate	Zwischen-
Injury	Verletzung	Intermittent	Aussetzend
Ink-jet	Tintenstrahl	Internal	Innere(r)
Ink-jet Printer	Tintenstrahl Drucker	Internet	Netzwerk-zu-Netzwerk
Innovation	Neuerung	Interpretation	Auslegung
Innovative	Erneuerungsfreudig	Interprete -to	Übersetzen
Input	Eingabe	Interpretor	Übersetzer
Input -to	Eingeben	Interrupt	Unterbrechung
Input/Output (IO)	Ein/Ausgabe	Interrupt -to	Unterbrechen
Insert -to	Einfügen	Interruption	Unterbrechung
Insertion	Einfügung	Intersect -to	Kreuzen (s.)
Install -to	Einrichten	Intersection	Schnittpunkt
Installation	Einrichtung	Intervene -to	Einmischen (s.)
Instant	Unmittelbar	Intervention	Eingriff
Instantaneous	Unverzüglich	Intricate	Knifflig
Instruct -to	Anweisen	Introduce -to	Vorstellen
Instruction	Anweisung	Introduction	Einführung, Vorstellung
Insulate -to	Isolieren	Intuition	Innere Eingabe
Insulation	Isolierung	Invalid	Ungültig
Insurance	Versicherung	Invaluable	Unschätzbar
Insure -to	Versichern	Invent -to	Erfinden
Intangible	Ungreifbar	Invention	Erfindung
Integer	Ganzzahl	Inventory	Lagerbestand

Inverse	Umgekehrt	**K**	
Inverted	Umgekehrt	Kernel	Kern
Invest -to	Anlegen (Geld)	Key	Schlüssel, Taste
Investigate -to	Untersuchen	Key Depression	Tastendruck
Investigation	Untersuchung	Key In -to	Eintippen
Investment	Geldanlage	Key-stroke	Tastenanschlag
Invoice	Rechnung	Keyboard	Tastatur
Invoke -to	Aufrufen	Keycap	Tastenkappe
Involve -to	Einbeziehen	Keypunch	Kartenlocher
Involvement	Einbeziehung	Kit	Ausrüstung
Irrelevant	Belanglos		
Issue	Ausgabe, Sachverhalt	**L**	
Issue -to	Herausgeben	Label	Etikett, Feldbezeichnung
Itemise -to	Detaillieren	Label -to	Beschriften
Iteration	Wiederholung	Laboratory	Labor
Iterative	Wiederholend (s.)	Labour Force	Arbeiterschaft
		Lack	Mangel
J		Lack -to	Nicht Haben
Jack	Bananenstecker	Lamp	Lampe
Jagged	Gezackt	Land	Grundstück
Jam	Stau	Landscape	Querformat
Jammed	Verstopft	Language	Sprache
Jeopardize -to	Gefährden	Lap	Schoß
Join -to	Anschließen (s.jmdm.), Zusammenfügen	Large	Groß
		Latent	Verborgen
Joint	Gemeinsam	Latest	Neueste(r)
Joint Venture	Gemeinschaftsunternehmen	Latter	Letztere(r)
		Launch	Einführung
Jukebox	Plattenschrank	Launch -to	Einführen
Jump -to	Springen, Überspringen	Law Suit	Prozeß
Jumper	Brücke(nstecker)	Lawyer	Rechtsanwalt
Justification	Begründung	Layer	Ebene
Justify -to	Ausrichten (geo.), Begründen	Layout	Aufmachung
		Lead	Blei
		Leading Zero	Führende Null

Leadtime	Lieferzeit	Line Speed	Übertragungsgeschwindigkeit
Leak	Leck	Link	Verbindung
Learn -to	Lernen	Link -to	Verbinden
Lease	Miete (auf Zeit)	List -to	Listen
Lease -to	Mieten (auf Zeit)	Listing	Auflistung
Leased Line	Stand-Linie (tel.)	Literacy	Wissen
Left Justified	Linksbündig	Litigation	Prozeß (ges.)
Legal	Rechtlich	Little	Klein, Wenig
Length	Länge	Load	Belastung
Lessee	Mieter	Load -to	Laden
Letter	Brief, Buchstabe	Loader	Ladeprogramm
Letter Quality	Korrespondenzqualität	Loan	Anleihe
Level	Ebene, Grad	Local	Örtlich
Lever	Hebel	Local Area Network (LAN)	Lokales Netzwerk
Levy	Steuererhebung	Locate -to	Ausfindig Machen
Liability	Verbindlichkeit	Location	Stelle
Library	Bibliothek	Lock	Schloß, Sperre
License	Lizenz	Lock -to	Abschließen, Sperren
Lid	Deckel	Lockable	Abschließbar
Life Span	Lebensdauer	Log	Protokoll
Light	Leicht, Licht	Log -to	Protokollieren
Light Emitting Diode (LED)	Leuchtdiode	Log Off -to	Abmelden
Light Pen	Lichtstift	Log On -to	Anmelden
Light Source	Licht Quelle	Logic	Logik
Lightning	Blitz	Logical	Folgerichtig
Like	Gleich	Logo	Firmenzeichen
Limit	Grenze	Long-term	Langfristig
Limitation	Einschränkung	Longevity	Langlebigkeit
Limited	Begrenzt	Loop	Schleife
Line	Leitung (tel.), Linie, Modellreihe	Loop -to	Kreisen
Line Feed	Zeilenvorschub	Loose	Lose
Line Printer	Band Drucker	Loosen -to	Losmachen
		Lose -to	Verlieren

65

Loss	Verlust	Manufacture -to	Herstellen
Low	Tief	Manufacturer	Hersteller
Low Order	Tiefstwertig	Map	Abbildung
Lower -to	Herunterlassen	Margin	Rand, Spielraum
Lower Case	Kleinschreibung	Mark	Zeichen
Lower Limit	Untergrenze	Mark -to	Kennzeichnen, Markieren
Lug -to	Schleppen		
Lump Sum	Pauschalsumme	Mask	Maske
		Mass	Masse
M		Master	Haupt-, Original(kopie)
Magazine	Zeitschrift	Mat(te)	Matt(iert)
Magnetic Tape	Magnetband	Match	Übereinstimmung
Magnify -to	Vergrößern	Match -to	Ebenbürtig Sein, Übereinstimmen, Zusammenpassen
Mail	Post		
Mail -to	Versenden		
Main	Haupt-	Matrix	Matritze
Mainframe	Zentralrechner	Matrix Printer	Matritzen Drucker
Mains	Stromnetz	Matter	Angelegenheit
Maintain -to	Aufrecht Erhalten, Behaupten, Warten (tech.)	Maximum	Höchst(maß)
		Mean	Mittlere(r)
		Mean -to	Bedeuten
Maintenance	Wartung	Mean Time Between Failure (MTBF)	Mittlere Fehlerzeit
Major	Größere(r)		
Majority	Mehrheit	Meaningful	Bedeutungsvoll
Make Sure -to	Sicherstellen	Means	Geldmittel, Mittel
Makeshift	Notbehelf	Measure	Maß
Male	Männlich	Measure -to	Messen
Male (Plug)	Stecker	Measurement	Messung
Malicious	Böswillig	Media	Speichermedien
Management	Verwaltung	Medium-term	Mittelfristig
Mandatory	Zwingend	Meeting	Konferenz, Sitzung
Manipulate -to	Handhaben	Member	Mitglied
Manipulation	Handhabung	Membership	Mitgliedschaft
Manpower	Arbeitskraft	Memory	Hauptspeicher
Manual	Handbuch, Hand-	Mention -to	Erwähnen

Menu	Auswahl-Menü	Mother	Mutter
Merchandise	Ware	Motherboard	Grundplatine
Merge -to	Mischen	Mould	Form
Message	Nachricht	Mould -to	Formen
Messaging	Nachrichtenübermittlung	Mount -to	Anbringen
Messenger	Bote	Mouse	Maus
Meter	Zähler	Move -to	Verschieben
Methodology	Methodenlehre	Multilingual	Mehrsprachig
Microwave	Mikrowelle	Multiple	Vielfach
Migrate -to	Überwechseln	Multiply -to	Multiplizieren, Vervielfachen
Migration	Übergang		
Mill -to	Fräsen	Multistrike	Mehrfachanschlag
Minimum	Mindest(maß)	Multitasking	Mehrprogramm-Betrieb
Minor	Geringfügig		
Mirror	Spiegel	**N**	
Miscellaneous	Verschiedene(s)	Name	Name
Mislead -to	Irreführen	Name -to	Benennen
Mismatch	Nicht-Übereinstimmung	Narrow	Eng
Misnomer	Unrichtige Bezeichnung	Necessary	Notwendig
Miss -to	Verpassen	Necessity	Notwendigkeit
Missing	Fehlend	Need	Bedürfnis
Mistake	Fehler	Need -to	Brauchen
Mix(ture)	Mischung	Needle	Nadel
Mixed	Gemischt, Verschiedenartig	Needless	Unnötig
		Negotiate -to	Aushandeln
Mnemonic	Gedächtnisstütze	Negotiation	Verhandlung
Mobile	Beweglich	Nest -to	Verschachteln
Mode	Betriebsart	Nesting	Schachtelung
Model	Model	Net	Netto
Moderate	Mäßig	Network	Netzwerk
Modification	Abänderung	Network -to	Vernetzen
Modify -to	Abändern, Verändern	New	Neu
Money	Geld	Newcomer	Einsteiger
Monitor	Bildschirm	News	Nachricht, Nachrichten
Monitor -to	Überwachen	Newspaper	Zeitung

Node	Netzknoten
Noise	Lärm
Noisy	Laut
Nomenclature	Namensgebung
Non Volatile	Nicht Verflüchtigend
Non-glaring	Blendfrei
Non-slip	Rutschfest
Notation	Schreibweise
Notch	Kerbe
Note	Fußnote
Note -to	Beachten
Notepad	Notizblock
Noteworthy	Bemerkenswert
Notify -to	Benachrichtigen
Novice	Neuling
Nucleus	Kern
Nuisance	Ärgernis
Number	Zahl
Number Crunching	Zahlenverarbeitung
Numerical Control (NC)	Numerische Steuerung
Numerous	Zahlreich
Nut	Mutter (Schraube)

O

Objective	Ziel
Obligation	Verpflichtung
Obscure	Unklar
Observation	Beobachtung
Observe -to	Beobachten
Obsolescence	Veralterung
Obsolete	Veraltet
Obtain -to	Erlangen
Obvious	Offensichtlich
Occasion	Anlaß, Gelegenheit
Occasional	Gelegentlich
Occupy -to	Belegen
Occur -to	Vorkommen
Odd	Ungerade
Off	Aus
Off-line	Getrennt (Vom Host)
Offence	Verstoß
Offer	Angebot
Offer -to	Anbieten, Bieten
Office	Büro
Often	Oft
Omit -to	Weglassen
On	An
On Behalf Of	Im Namen Von
On-line	Verbunden (Mit Host)
On-site	Vor Ort
Open	Offen
Open -to	Öffnen
Operate -to	Betreiben, Funktionieren
Operating System	Betriebssystem
Operation	Betrieb
Operator	Maschinenbediener
Opportunity	Gelegenheit (gute)
Optical Character Reader	Klarschriftleser
Optical Character Recognition (OCR)	Optische Zeichenerkennung
Optical Disk	Optische Platte
Optical Mark Reader	Markierungsleser
Optimise -to	Optimieren
Option	Zusatz(ausrüstung)
Optional	Wahlweise, Zusätzlich
Order	Auftrag, Reihenfolge
Origin	Ursprung
Originate From -to	Herstammen Von

Outage	Unverfügbarkeit	Partial	Teilweise
Outbound	Weggehend	Participant	Teilnehmer
Outdoors	Draußen	Participate -to	Teilnehmen
Outgrow -to	Herauswachsen	Participation	Teilnahme
Outlet	Ausgangsbuchse	Particular	Bestimmte(r)
Output -to	Ausgeben	Partition	Unterteilung
Overhead	Gemeinkosten, Mehrbelastung	Partitioning	Speicheraufteilung
Overlap	Überlappung	Pass	Durchlauf
Overlay	Überlagerung	Password	Kennwort
Overload -to	Überladen	Past	Vergangen(heit)
Override -to	Hinwegsetzen Über (s.)	Paste -to	Einkleben
Overrun	Überlauf	Patch	Ausbesserung
Overtime	Überstunden	Patch -to	Ausbessern
Own	Eigen	Patch Panel	Schalttafel
Own -to	Besitzen	Patchwork	Flickwerk
Owner	Besitzer	Path	Pfad
Ownership	Besitz	Patience	Geduld
Oxygen	Sauerstoff	Patient	Geduldig
		Pattern	Muster
P		Payment	Zahlung
Package	Paket	Payment Terms	Zahlungsbedingungen
Packaging	Verpackung	Payroll	Lohn/Gehaltsabrechnung
Pad	Schreibblock, Unterlage		
Page	Seite	Peak	Spitze
Pagination	Seitenaufteilung	Peer	Gleiche(r)
Paging	Seitenauslagerung	Pen	Stift
Pair	Paar	Pencil	Bleistift
Panel	Abdeckblech, Stecktafel	Pending	Anstehend
Panning	Panoramierung	Percentage	Prozentsatz
Paper	Papier	Perception	Wahrnehmung
Paper Feed	Papierzuführung	Perform -to	Durchführen
Paper Tape	Lochstreifen	Performance	Durchführung, Leistung
Paradigm	Musterbeispiel	Period	Punkt, Zeitabschnitt
Part	Teil	Peripherals	Anschlußeinheiten
		Permanent	Dauerhaft

Permission	Erlaubnis	Pointer	Zeiger
Permit -to	Erlauben	Pointing Device	Zeigegerät
Perpendicular	Senkrecht	Policy	Versicherungspolice
Perpetual	Ewig	Poll -to	Aufrufen (Tel.)
Personal	Personenbezogen	Polling	Aufrufverfahren (Tel.)
Persuade -to	Überzeugen, Überreden	Pollution	Verschmutzung
Petty Cash	Kleine Kasse	Pop Up -to	Hochschnellen
Phase Out -to	Auslaufen Lassen	Popular	Beliebt
Phone Booth	Telefonzelle	Population	Bevölkerung
Pie-Chart	Kuchen Diagramm	Port	Anschluß(buchse)
Piggy-back	Huckepack	Port -to	Tragen
Pilferage	Diebstahl	Portability	Übertragbarkeit
Pilot Run	Probelauf	Portable	Tragbar
Pin	Nadel, Stift	Portrait	Hochformat
Pitch	Zeichendichte	Position	Lage, Rang, Standpunkt
Pivot	Drehpunkt	Position -to	Einstellen Auf
Pixel	Bildpunkt	Possibility	Möglichkeit
Place -to	Setzen	Possible	Möglich
Plan -to	Planen	Post	Post
Plane	Eben	Post -to	Post Einwerfen
Plant	Fabrik, Werk	Post-	Nach-
Platen	Druckwalze	Poster	Plakat
Platter	Plattenteller	Postpone -to	Verschieben (zeitl.)
Play -to	Spielen	Potential	Entwicklungsfähigkeit
Pliers	Zange	Power	Leistung (mech.),
Plot	Grundstück		Potenz (math.),
Plot -to	Zeichnen		Strom (el.)
Plug	Stecker	Power Cord	Stromkabel
Plug In -to	Einstöpseln	Power Down -to	Abschalten
Pocket	Ablagefach	Power Failure	Stromausfall
Pocket Calculator	Taschenrechner	Power Off -to	Abschalten
Point	Punkt	Power Peak	Stromspitze
Point At -to	Zeigen Auf	Power Plant	Kraftwerk
Point Of View	Standpunkt	Power Supply	Stromversorgung,
Point Out -to	Hinweisen Auf		Netzteil

Power Up -to	Anschalten	Previous	Vorherige(r)
Powerful	Leistungsfähig	Price	Preis
Practical	Praktisch	Price Tag	Preisschild
Pre-	Vor-	Primary	Haupt-
Precaution	Vorsicht	Prime	Höchst
Precautionary	Vorbeugend	Primer	Einführungsschrift
Precautionary Measure	Vorsichtsmaßnahme	Primitive	Grundelement, Elementar-
Precede -to	Vorangehen		
Precise	Genau	Print -to	Drucken
Precision	Genauigkeit	Print Head	Druckkopf
Preclude -to	Ausschließen	Printer	Drucker
Predecessor	Vorgänger	Printer Buffer	Druckpuffer
Predict -to	Vorhersagen	Prior To	Vor (Zeit)
Prediction	Voraussage	Priority	Vorrang
Predominant	Vorherrschend	Privacy	Privatsphäre
Prefer -to	Vorziehen	Private	Privat
Preferably	Vorzugsweise	Private Branch Exchange (PBX)	Private Vermittlungsanlage
Preference	Vorzug		
Prefix	Vorsilbe		
Premises	Grundstück	Probability	Wahrscheinlichkeit
Preparation	Vorbereitung	Probable	Wahrscheinlich
Prepare -to	Vorbereiten	Procedure	Verfahren
Prerequisite	Voraussetzung	Proceed -to	Vorgehen
Presence	Gegenwart, Vorhandensein	Process	Ablauf, Verfahren
		Process -to	Verarbeiten
Present	Anwesend	Procure -to	Beschaffen
Present -to	Darbieten	Procurement	Kauf
Presentation	Darbietung	Produce -to	Herstellen
Press -to	Drücken	Product	Erzeugnis
Pressed For Time	Unter Zeitdruck	Productivity	Leistungsfähigkeit
Pressure	Druck	Profit	Gewinn
Prevalent	Weitverbreitet	Progress	Fortschritt
Prevent -to	Verhindern	Prohibitive	Verbietend
Preventive Maintenance	Vorsorgende Wartung	Proliferate -to	Wuchern
Preview	Vorausschau	Proliferation	Wucherung

Promise	Versprechen	Q	
Promise -to	Versprechen	Qualification	Eignung
Prompt	Aufforderung	Qualified	Geeignet
Prompt -to	Auffordern	Quantify -to	Belegen (mit Zahlen)
Prone	Empfänglich Für	Quantity	Menge
Proof	Beweis	Quarter	Quartal
Proof Read -to	Korrektur Lesen	Quarterly	Vierteljährlich
Property	Eigenschaft, Grundbesitz	Query	Frage
Proposal	Vorschlag	Question	Frage
Propose -to	Vorschlagen	Question -to	In Frage Stellen
Proprietary	Eigentums-, Gesetzlich Geschützt	Questionnaire	Fragebogen
		Queue	Warteschlange
Protect -to	Schützen	Queue -to	Einreihen
Protection	Schutz	Quick	Schnell
Prove -to	Beweisen	Quiet	Leise
Proven	Erwiesen	Quit -to	Verlassen
Provide -to	Bereitstellen	Quotation	Preisangabe
Provide With -to	Versorgen Mit	Quote	Angebot
Provided	Vorausgesetzt	Quote -to	Preis Nennen, Zitieren
Provision	Bereitstellung, Vorkehrung	Quotes	Anführungszeichen
Provisional	Vorläufig	R	
Public	Öffentlich	Rack	Gestell
Publication	Veröffentlichung	Radio	Funk
Publish -to	Veröffentlichen	Raise -to	Erhöhen
Punch	Stanzer	Random	Wahlfrei
Punch Card	Lochkarte	Random Access	Wahlfreier Zugriff
Purchase	Kauf	Range	Bereich, Palette
Purchase -to	Kaufen	Range -to	Erstrecken (s.)
Purchasing		Ranking	Einstufung
(Department)	Einkauf(sabteilung)	Rate	Rang, Rate, Tarif
Purge -to	Entfernen	Rate -to	Einschätzen
Purpose	Zweck	Rating	Bewertung
		Ratio	Verhältnis (math.)
		Raw	Roh

Read -to	Lesen	Record -to	Aufzeichnen
Read Only Memory (ROM)	Festwertspeicher	Recover -to	Wiederherstellen
		Recovery	Wiederherstellung
Read/Write Head	Lese/Schreibkopf	Rectangle	Rechteck
Ready	Bereit	Rectangular	Rechteckig
Real	Wirklich	Recur -to	Wiederkehren
Real-time	Echtzeit	Redesign	Neuentwurf
Realise -to	Verwirklichen	Redesign -to	Neuentwerfen
Reality	Wirklichkeit	Redirect -to	Umleiten
Rear	Rückseite	Reduce -to	Vermindern
Reason	Grund	Reduction	Verminderung
Reasonable	Vernünftig	Redundancy	Überschuß
Reasoning	Gedankengang	Redundant	Überflüssig, Überschüssig
Rebate	Rabatt		
Recalculate -to	Neu Berechnen	Reel	Rolle
Recalculation	Neuberechnung	Reentrant	Gleichzeitig Benutzbar
Recall	Rückruf	Refer To -to	Beziehen Auf (s.)
Recall -to	Zurückrufen	Reference	Bezug
Recap	Zusammenfassung	Refine -to	Verfeinern
Receipt	Beleg	Refinement	Verfeinerung
Receive -to	Empfangen	Reflect -to	Widerspiegeln
Receiver	Empfänger (Funk)	Reflection	Spiegelbild
Recent	Kürzlich	Refresh -to	Auffrischen
Reception	Empfang	Refund	Rückerstattung
Recharge -to	Wiederaufladen	Regard -to	Betrachten
Rechargeable	Wiederaufladbar	Regarding	Betreffs
Recipient	Empfänger	Region	Zone
Recognise -to	Anerkennen, Erkennen	Register -to	Eintragen, Zur Kenntnis Nehmen
Recognition	Anerkennung, Erkennung		
		Registered Mail	Einschreiben
Recommend -to	Empfehlen	Reimburse -to	Zurückerstatten
Recommendation	Empfehlung	Reimbursement	Rückzahlung
Reconcile -to	Abstimmen	Reinforce -to	Verstärken
Reconciliation	Abstimmung	Reinforcement	Verstärkung
Record	Datensatz	Relation	Verhältnis

Relationship	Verhältnis
Relay	Relais
Release	Freigabe
Release -to	Freigeben
Relevant	Sachdienlich
Reliability	Zuverlässigkeit
Reliable	Zuverlässig
Relocate -to	Verlegen
Reluctance	Widerstreben
Reluctant	Abgeneigt, Widerwillig
Rely On -to	Verlassen Auf
Remain -to	Übrigbleiben
Remainder	Rest
Remains	Reste
Remedy	Abhilfe
Remedy -to	Abhilfe Schaffen
Remote	Fern
Remote Control	Fernsteuerung
Removable	Abnehmbar
Removal	Beseitigung
Remove -to	Entfernen
Rename -to	Umbenennen
Renew -to	Erneuern
Renewal	Erneuerung
Rent	Miete
Rent -to	Mieten, Vermieten
Repair	Reparatur
Repair -to	Reparieren
Repeat -to	Wiederholen
Repetition	Wiederholung
Replace -to	Ersetzen
Replacement	Ersatz
Report	Bericht
Report -to	Berichten
Representation	Darstellung
Representative	Vertreter
Reproduce -to	Nachbilden
Reproduction	Wiedergabe
Reputation	Ruf
Request	Bitte
Request -to	Erbitten
Require -to	Benötigen
Requirement	Bedarf, Erfordernis
Requisite	Erforderlich
Reroute -to	Umleiten
Rerun	Wiederholungslauf
Resale	Wiederverkauf
Research	Forschung
Resemblance	Ähnlichkeit
Resemble -to	Ähneln
Reservation	Vorbehalt
Reset	Grundstellung
Reset -to	Zurücksetzen
Reshape -to	Umgestalten
Reshuffle -to	Umbilden
Reside -to	Befinden (s.)
Resident	Seßhaft
Residual	Übrig
Resist -to	Widerstehen
Resistance	Widerstand
Resistant	Widerstandsfähig
Resistor	Widerstand (el.)
Resolution	Auflösung
Resort -to	Zuflucht Nehmen
Resources	Betriebsmittel
Response	Antwort
Response Time	Antwortzeit
Responsibility	Verantwortung
Rest	Ruhe(zustand)
Restart	Wiederanlauf

Restore -to	Zurückspeichern, Wiederherstellen	Risk	Risiko
Restrict -to	Beschränken	Risk -to	Riskieren
Restriction	Beschränkung	Robust	Widerstandsfähig
Result	Ergebnis	Rocker Switch	Kippschalter
Resume -to	Wiederaufnehmen	Role	Rolle
Retail	Einzelhandel	Room	Raum
Retailer	Wiederverkäufer	Root	Wurzel
Retain -to	Zurückbehalten	Rotate -to	Drehen
Retention Period	Sperrfrist	Round	Rund
Retrieval	Zurückholen	Round -to	Runden
Retrieve -to	Zurückholen	Route	Strecke
Retry	Wiederholungsversuch	Routing	Streckenwahl
Return	Gewinn	Row	Reihe
Return (Key)	Eingabe Taste	Royalty	Lizenz(gebühr)
Return -to	Zurückgeben, Zurückkehren	Rubbish Bin	Mülltonne
		Rudimentary	Anfangs-
Reuse -to	Wiederverwenden	Rule	Regel
Reveal -to	Aufdecken	Ruler	Lineal
Revenue	Einnahmen	Rumour	Gerücht
Reverse	Umgekehrt	Run	Lauf
Review	Durchsicht, Nachprüfung	Run -to	Ablaufen (lassen)
		Run-time	Laufzeit
Review -to	Nachprüfen	Rust	Rost
Revisable	Veränderbar		
Revise -to	Abändern, Neu Fassen	**S**	
Revision	Neufassung	Sacrifice	Opfer
Revisit -to	Zurückkommen Auf	Sacrifice -to	Opfern
Rewind -to	Zurückspulen	Safe	Sicher, Tresor
Rewrite -to	Neu Schreiben	Safeguard	Schutz
Ribbon	Farbband	Safeguard -to	Schützen
Ribbon Cable	Flachbandkabel	Safety	Sicherheit
Right Angle	Rechter Winkel	Salary	Gehalt
Right Justified	Rechtsbündig	Sale	Verkauf
Rigid	Starr	Salesman	Verkäufer
		Sample	Muster

Satellite	Satellit	Seek -to	Suchen
Satisfaction	Befriedigung	Segregation	Abtrennung
Satisfy -to	Befriedigen	Select -to	Auswählen
Saturate -to	Sättigen	Selection	Auswahl
Saturation	Sättigung	Self	Selbst
Save -to	Retten, Sichern	Self-contained	In Sich Abgeschlossen
Savings	Einsparungen	Self-explanatory	Selbsterklärend
Scale	Maßstab	Sell -to	Verkaufen
Scan -to	Abtasten	Semantics	Wortbedeutung
Scanner	Bildabtaster	Semi	Halb
Scarcity	Seltenheit	Semiconductor	Halbleiter
Scatter -to	Verstreuen	Send -to	Schicken
Schedule	Zeitplan	Sender	Absender
Schedule -to	Planen	Sense	Sinn
Science	Wissenschaft	Sensible	Vernünftig
Scientific	Wissenschaftlich	Sensor	Fühler
Scientist	Wissenschaftler	Separate	Getrennt
Scope	Ausmaß, Wirkungskreis	Sequence	Reihenfolge
Score	Punktzahl	Sequential	Fortlaufend
Scratch -to	Ausstreichen	Serial Number	Seriennummer
Screen	Bildschirm	Serious	Ernsthaft
Screw	Schraube	Serve -to	Dienen
Screw Driver	Schraubendreher	Service	Dienstleistung, Kundendienst
Scroll -to	Rollen		
Seamless	Nahtlos	Session	Sitzung
Search	Suche	Set	Satz
Search -to	Suchen	Set Up -to	Einrichten
Search Key	Suchbegriff	Settle -to	Begleichen
Second	Sekunde, Zweite(r)	Settlement	Begleichung
Secondary	Nebensächlich	Several	Mehrere
Secret	Geheim, Geheimnis	Severe	Schwerwiegend
Secretary	Sekretär(in)	Shade	Schatten
Secure	Sicher	Shading	Schattierung
Secure -to	Sichern	Shape	Form
Security	Sicherheit	Share	Aktie, Anteil

Share -to	Gemeinsam Benutzen, Teilen (m. jmdm.)	Simplify -to	Vereinfachen
Sheet	Blatt	Simulate -to	Nachahmen
Sheet Feeder	Blatt Zufuhr	Simulation	Nachahmung
Shelf	Regal	Simultaneous	Gleichzeitig
Shell	Schale	Sine Wave	Sinus Kurve
Shield	Schutzplatte	Single	Einzel
Shielding	Abschirmung	Site	Bauplatz, Gelände
Shift	Verschiebung	Size	Größe
Shift -to	Verschieben	Sketch	Zeichnung
Ship -to	Ausliefern	Skill	Fähigkeit
Shipment	Auslieferung	Skilled	Erfahren
Shop Floor	Fabrikebene	Skip	Vorschub
Short Circuit	Kurzschluß	Skip -to	Überspringen
Short-cut	Abkürzung (Weg)	Slack	Zeitpuffer
Short-term	Kurzfristig	Slash	Schrägstrich
Shortage	Mangel	Sleeve	Umschlag
Shredder	Reißwolf	Slice	Scheibe
Shrink -to	Schrumpfen	Slide	Dia, Folie
Shutter	Verschluß	Slip	Zettel
Sideways	Seitwärts	Slippage	Verzögerung
Sign	Vorzeichen, Zeichen	Slot	Steckplatz
Sign -to	Unterschreiben	Slow Down -to	Verlangsamen
Sign Off -to	Abmelden	Small	Klein
Sign On -to	Anmelden	Smoke Detector	Rauchmelder
Signature	Unterschrift	Smudge -to	Verschmieren
Significance	Bedeutung	Snap In -to	Einrasten
Significant	Bedeutend	Snap Out -to	Ausrasten
Signify -to	Bedeuten	Socket	Fassung (el.), Steckdose
Silence	Stille	Soft	Weich
Silent	Geräuschlos	Solder -to	Löten
Silver	Silber	Soldering Iron	Lötkolben
Similar	Ähnlich	Solution	Lösung
Simple	Einfach	Sophisticated	Anspruchsvoll
Simplicity	Einfachheit	Sound	Geräusch, Vernünftig
		Sound -to	Klingen

Source	Quelle	Stamp	Briefmarke, Stempel
Space	Freier Platz, Leerschritt, Weltraum	Stance	Standpunkt
		Stand	Ständer
Space-bar	Leertaste	Stand-alone	Eigenständig
Spacial	Räumlich	Standby	Ersatz-
Spare	Ersatz-	Staple	Heftklammer
Spares	Ersatzteile	Staple -to	Zusammenklammern
Spatial	Räumlich	Start-up Time	Anlaufzeit
Speaker	Sprecher, Lautsprecher	State	Zustand
Special Character	Sonderzeichen	Statement	Behauptung, Programmanweisung
Speciality	Besonderheit		
Specification	Beschreibung (techn.)	Statement of Account	Kontoauszug
Speech	Rede, Sprache	Stationary	Feststehend
Speed	Geschwindigkeit	Stationery	Schreibwaren
Spell -to	Buchstabieren	Statistic	Statistik
Spend -to	Geld Ausgeben	Status	Zustand
Spindle	Welle	Steel	Stahl
Split -to	Aufteilen	Sticker	Aufkleber
Splitter	Teiler	Stock	Lager
Spokesperson	Sprecher	Stock -to	Lagern
Spool -to	Zwischenspeichern	Stock Exchange	Börse
Spot	Flecken	Storage	Speicher
Spot -to	Herausfinden	Store -to	Speichern
Spread -to	Ausbreiten (s.)	Story	Etage, Stockwerk
Spreadsheet	Rechentabelle	Straight (Line)	Gerade (geom.)
Spring	Feder	Straightforward	Einfach
Square	Quadrat	Streamline -to	Modernisieren, Vereinfachen
Stability	Beständigkeit		
Stable	Stabil	Strength	Stärke
Stack	Stapelspeicher	Stress	Beanspruchung
Staff	Mitarbeiterstab	String	Kette
Stage -to	Einrichten	Strip	Streifen
Staggered	Gestaffelt	Sturdy	Standfest
Stainless	Rostfrei	Sub-	Unter-
Stall -to	Festlaufen	Subdivision	Unterteilung

English	Deutsch	English	Deutsch
Subject	Thema	Superscript	Hochstellung
Subject To	Vorbehaltlich	Supersede -to	Ersetzen
Submission	Abgabe	Supplement	Nachtrag
Submit -to	Abgeben	Supplier	Lieferant
Subordinate	Untergeben(e/er)	Supplies	Zulieferungen
Subroutine	Unterprogramm	Supply -to	Liefern
Subscribe -to	Abonnieren	Support	Unterstützung
Subscript	Tiefstellung	Support -to	Unterstützen
Subscription	Abonnement	Suppress -to	Unterdrücken
Subsequent	Nachträglich	Suppression	Unterdrückung
Subset	Teilmenge	Surcharge	Zuschlag(sgebühr)
Subsidiary	Tochtergesellschaft	Surface	Oberfläche
Substantial	Beträchtlich	Surge	Spannungsspitze
Substitute	Ersatz	Surplus	Überschuß
Substitute -to	Ersetzen	Surprise	Überraschung
Subtotal	Zwischensumme	Surprising	Überraschend
Succeed -to	Nachfolgen	Surroundings	Umgebung
Success	Erfolg	Survey	Untersuchung
Successful	Erfolgreich	Survey -to	Untersuchen
Successor	Nachfolger	Survive -to	Überleben
Sudden	Plötzlich	Suspend -to	Aufschieben
Suffer -to	Leiden	Swap -to	Austauschen
Suffix	Nachsilbe	Switch	Schalter
Suggest -to	Vorschlagen	Switch -to	Schalten
Suggestion	Vorschlag	Switch Off -to	Abschalten
Suit -to	Passen	Switch On -to	Anschalten
Suitable	Geeignet, Passend	Switchboard	Vermittlung (Tel.)
Suite	Folge	Swivel	Drehzapfen
Sum	Summe	Swivel Arm	Schwenkarm
Summarise -to	Zusammenfassen	Synchronise -to	Gleichschalten
Summary	Zusammenfassung	Synchronous	Synchron
Superfluous	Überflüssig	Syntax	Satzaufbau
Superimpose -to	Überlagern		
Superior	Überlegen, Vorgesetzter	T	
Superiority	Überlegenheit	Table	Tabelle

Table Of Contents	Inhaltsverzeichnis	Terminology	Fachsprache
Tackle -to	Anpacken	Terms	Bedingungen
Tag	Anhängsel	Terrestrial	Land-
Tailor -to	Zuschneiden Auf	Territory	Geltungsbereich
Take Advantage Of -to	Zunutze Machen (s. etw.)	Text Processing	Textverarbeitung
		Theft	Diebstahl
Tangible	Greifbar	Thermo-	Wärme-
Tap -to	Anzapfen	Thick	Dick
Tape	Band	Thin	Dünn
Tape Drive	Bandlaufwerk	Third Party	Dritter
Tape-reel	Bandrolle	Thorough	Gewissenhaft
Target	Ziel	Thread	Gewinde
Task	Aufgabe	Threaded Nut Coupling	
Tax	Steuer	(TNC)	Schraubverbindung
Tax -to	Besteuern	Threat	Bedrohung
Teach -to	Lehren	Threaten -to	Drohen
Tear -to	Zerreißen	Three-phase Current	Drehstrom
Tear Off -to	Abreißen	Threshold	Schwelle
Technician	Techniker	Throughput	Durchsatz
Technique	Technik, Verfahrensweise	Thumb Screw	Rändelschraube
		Thunderstorm	Gewitter
Tedious	Ermüdend	Tie Together -to	Verknüpfen
Telecommunications	Fernmeldedienste	Tier	Schicht
Teleprocessing	Datenfernverarbeitung	Till	Kassenschublade
Television (TV)	Fernsehen	Tilt -to	Kippen
Temperature	Temperatur	Time	Zeit
Template	Schablone	Time -to	Zeitlich Einrichten
Temporary	Vorläufig	Time Lag	Zeitverlust
Tender	Angebot	Time Slice	Zeitscheibe
Tension	Spannung	Time-out	Zeitüberschreitung
Term	Fachausdruck, Zeitabschnitt	Timer	Zeitgeber
		Timesharing	Mehrfachnutzung
Terminal	Datenendgerät	To Date	Bis Heute
Terminate -to	Beenden	Toggle Switch	Kippschalter
Termination	Abschluß	Toll	Gebühr

Toll-free	Gebührenfrei
Toner	Farbpulver
Tool	Werkzeug
Tool Box	Werkzeugkasten
Top	Oberes Ende
Top-down	Von Oben Nach Unten
Topic	Thema
Torque	Drehmoment
Total	Gesamt, Gesamtsumme
Touch -to	Berühren
Tower	Turm
Trace -to	Zurückverfolgen
Track	Spur
Track -to	Verfolgen
Trade	Handel
Trade-in	Inzahlungnahme
Trade-off	Abstrich, Einbuße
Trademark	Warenzeichen
Traditional	Herkömmlich
Traffic	Verkehr
Transaction	Vorgang
Transfer	Übertragung
Transfer -to	Übertragen, Verlegen
Transform -to	Verwandeln
Transition	Übergang
Translate -to	Übersetzen
Translation	Übersetzung
Translator	Übersetzer
Transmission	Übertragung
Transmit -to	Übertragen
Transmitter	Sender
Transparency	Durchsichtigkeit, Dia
Transparent	Durchsichtig
Trash Can	Mülleimer
Tray	Ablage
Trend	Tendenz
Trial	Test
Triangle	Dreieck
Triple	Dreifach
Trivial	Geringfügig
Trolley	Rolltisch
Troubleshooting	Fehlersuche
True	Richtig
Truncate -to	Abschneiden
Truncation	Kürzung
Trunk Line	Fernleitung
Try	Versuch
Try -to	Versuchen
Tubing	Rohrleitung
Tuition	Ausbildung
Tune -to	Einstellen (tech.)
Turn-key	Schlüsselfertig
Turnaround Time	Durchlaufzeit
Turnover	Umsatz
Tutor	Lehrer
Tutorial	Lernprogramm
Twisted Pair Cable	Verdrilltes Kabel
Type	Art
Typeface	Schriftbild
Typestyle	Schriftart
Typewriter	Schreibmaschine
Typo	Tippfehler

U

Ubiquitous	Allgegenwärtig
Ultimately	Letztendlich
Unambiguous	Eindeutig
Unattended	Unbeaufsichtigt
Unbundle -to	Entbündeln
Underline -to	Unterstreichen

Underway	Unterwegs	Utilisation	Benutzung
Undo -to	Rückgängig Machen	Utility	Dienstprogramm
Undoubtedly	Unzweifelhaft		
Unexpected	Unerwartet	**V**	
Uniform	Einheitlich	Vacancy	Freie Stelle
Uninterrupted	Ununterbrochen	Vacation	Urlaub
Unique	Einzigartig	Valid	Gültig
Unit	Einheit	Validate -to	Überprüfen
Unless	Es Sei Denn	Validation	Gültigkeitsprüfung
Unlike	Ungleich	Validity	Gültigkeit
Unlimited	Unbegrenzt	Valuable	Wertvoll
Unload -to	Entladen	Value	Wert
Unparalleled	Beispiellos	Value Added	Mehrwert
Unscheduled	Ungeplant	Value Added Tax (VAT)	Mehrwertsteuer
Unsolicited	Unaufgefordert	Value for Money	Gegenwert
Unsuccessful	Erfolglos	Variable	Veränderlich(e Größe)
Unsurpassed	Unübertroffen	Variance	Abweichung
Unused	Ungebraucht	Variety	Vielzahl
Unveil -to	Enthüllen	Vary -to	Abweichen, Unterscheiden (s.)
Update -to	Ergänzen		
Upgrade	Aufrüstung	Vendor	Verkäufer
Upgrade -to	Aufrüsten	Verbal	Mündlich
Upper	Obere(r)	Verbose	Wortreich
Upper Case	Großschreibung	Verification	Richtigkeitsbeweis
Upper Limit	Obergrenze	Verify -to	Richtigkeit Feststellen
Uptime	Systemverfügbarkeit	Versatile	Vielseitig
Upwards	Aufwärts	Versatility	Vielseitigkeit
Urgent	Eilig	Version	Version
Usage	Einsatz, Gebrauch	Vibrate -to	Schwingen
Use	Nutzen	Vibration	Schwingung
Use -to	Verwenden	Vicious Cycle	Teufelskreis
Useful	Nützlich	Video Display	Bildschirmanzeige
User	Anwender	Video Memory	Bildschirmspeicher
User Interface	Benutzeroberfläche	Vie -to	Wetteifern
User-friendly	Benutzerfreundlich	View	Ansicht

View -to	Ansehen	Weight	Gewicht
Violate -to	Verletzen (Gesetz)	Weighted	Gewichtet
Violation	Verletzung (Gesetz)	Weld -to	Schweißen
Virtual	Scheinbar	What If	Was - wenn
Visible	Sichtbar	White	Weiß
Vital	Lebenswichtig	Wholesale	Großhandel
Voice	Stimme	Wide	Weit
Void	Leer	Wide Area Network	
Void -to	Ungültig Machen	(WAN)	Weitverkehrsnetz
Volatile	Flüchtig	Width	Weite
Voltage	Spannung (el.)	Window	Fenster
Voltage Drop	Spannungsabfall	Wire	Draht
Volume	Datenträger, Umfang	Wire Stripper	Abisolierer
Vulnerability	Verwundbarkeit	Withdraw -to	Zurückziehen
Vulnerable	Verwundbar	Word	Wort
Vying	Wetteifernd	Word Processing	Textverarbeitung
		Work	Arbeit
W		Work -to	Arbeiten, Funktionieren
Wafer	Plättchen	Working Storage	Arbeitsspeicher
Wait -to	Warten	Workload	Arbeitsaufwand
Waive -to	Verzichten Auf	Works Council	Betriebsrat
Wand	Lesestift	Worksheet	Arbeitsblatt
Warrant -to	Garantieren	Workstation	Bildschirmarbeitsplatz
Warranty	Garantie	Worldwide	Weltweit
Waste	Verschwendung	Worth	Wert
Waste -to	Verschwenden	Write -to	Schreiben
Waste Paper	Altpapier	Write Protection	Schreibschutz
Waste Paper Basket	Papierkorb		
Wave	Welle (el.)	Y	
Weakness	Schwäche	Year	Jahr
Wear	Abnutzung, Verschleiß	Yearly	Jährlich
Weave	Gewebe	Yield -to	Erzielen
Wedge	Keil		
Weekend	Wochenende	Z	
Weigh -to	Abwägen	Zero	Null

Notizen

Notizen

Notizen

Notizen